KB007594

# 논백
# 경쟁
# 전략

**일러두기**

- 이 책의 가장 큰 강점은 수많은 논문을 통해서 찾아낸 비즈니스 인사이트입니다.
- 본문 중 인용된 논문에서 사용되는 개념이나 용어 가운데 우리말로 해석하기 어려운 경우가 있습니다.

**예)**

**휴리스틱Heuristic**

심리학에서는 '시간이나 정보가 불충분하여 합리적인 판단을 할 수 없거나, 굳이 체계적이고 합리적인 판단을 할 필요가 없는 상황에서 신속하게 사용하는 어림짐작의 기술'이라는 의미로 사용하고 있습니다. 간단하게는 '생각의 지름길' '추론적 단서'로 해석할 수 있으나 이 책에서는 보다 광범위한 의미로 사용하여 한 단어나 문장으로 통일하기가 어렵습니다.

**서브타이핑Subtyping, 서브타이퍼Subtyper**

서브타입Subtype은 사전적 의미로는 '아류형' '특수형'이라고 쓰고 있습니다. 서브타이핑은 논문에서 시작한 용어로 '시장 이원화' '시장 분리' 정도의 의미로도 해석할 수 있으며, 서브타이퍼는 '시장 이원화를 하는 사람 또는 기업'으로 해석할 수 있습니다. 하지만 단순하게 시장을 이원화하는 것으로는 그 의미를 모두 내포할 수 없기에 부득이하게 본문에서는 서브타이핑, 서브타이퍼로 표기했습니다.

결국 휴리스틱과 서브타이핑은 다양한 의미가 내포된 용어로 휴리스틱은 휴리스틱으로, 서브타이핑은 서브타이핑으로 이해하는 것이 가장 좋습니다.

- 그렇기에 이 책에서는 해석이 가능한 범위 내에서는 우리말로 풀었고, 어려운 경우에는 발음을 표기하고 영문을 첨자로 표기했습니다. 개념과 용어는 문맥에 따라 이해하시면 됩니다.

학문과 실무를 연결하는
중간계 캠퍼스 ①

# 논백 경쟁 전략

심리학 논문 100편에서
찾아낸 써먹을 수 있는
경쟁의 기술

신병철 지음

## 학문과 실무의 중간계,
## 중간계 캠퍼스에 오신 것을 환영합니다!

그동안 수많은 기업의 컨설팅과 강의 등으로
많은 기업인들을 만났습니다.
그들이 느끼는 현업의 어려움, 지속적인 성장에 대한
두려움, 뒤처지지 않을까 하는 불안 등등,
많은 이야기를 함께 나누고 공감한 시간이었습니다.

그 결과 학문적 연구 결과를 실무에 적용하도록 도와주는
중간계 캠퍼스를 만들었고
중간계 지식인으로 제 모든 것을 쏟고자 합니다.
학문과 실무의 중간계를 튼튼히 만들어서
더 이상 방황하는 사람이 없도록
최선을 다하고자 합니다.

혼돈의 시대에 나와 조직을 지키고 성장하는 데
반드시 필요한 요소는
진짜 실력과 진짜 공부일 것입니다.
이를 위하여, 최고 수준의 비즈니스 관련 논문 100편을
읽고, 토론하고, 습득 체화하고자 합니다.
살아 있는 지식과 정보가
온전히 여러분의 것이 될 수 있도록
저 역시 책과 강연 등으로 곁에서 도울 것입니다.

중간계 캠퍼스에서는
다 아는 얘기는 하지 않기로 했습니다.
반드시 최초이거나, 다르거나,
압도적인 콘텐츠만 다룰 것입니다.

시작은 저 혼자이지만,
학문과 실무를 아우를 수 있는 이 책을 읽는 여러분이
저의 지식 파트너가 될 것입니다.

진짜 공부를 하려면 이 책을 통해
중간계 캠퍼스로 오십시오.
위로는 아무것도 해결해주지 않습니다.

진짜 실력을 키워야 합니다.
진짜 공부, 진짜 실력이 필요하신 분이라면
중간계 캠퍼스로 오십시오.

변화와 혁신이 필요한 시대에,
제가 진정한 변신을 도와드리겠습니다.

2017년 가을
신병철

블루오션과 레드오션
여러분은 무엇을 선택하시겠습니까?

# 1.
# 돈은 어디에서 오는가
### Blue Ocean vs. Red Ocean

## 새로운 대안을 제시합니다

강의를 다 들으면 수강료 100% 환급!

'영단기', '공단기'라는 인터넷 강의 사이트를 운영하는 에스티
유니타스는 수강료 환급제라는 아주 간단한 콘셉트로 인강 시장
에서 큰 성공을 거두었습니다. 예를 들어 40강으로 구성된 강의
를 신청한 수강생이 40강을 모두 들었다면 수강료를 100% 돌려
주는 방식입니다.

수강생에게는 매력적인 제안입니다. 부모님에게 받은 수강
료 50만 원으로 인터넷 강의를 모두 들었습니다. 그러면 부모님
의 입장에서도 자녀가 공부를 열심히 했으니 무척 기쁘겠죠. 학
생은 공부도 하고, 수강료도 돌려받으니 역시 기쁠 겁니다.

그러면 회사는 어떨까요? 강의도 제공하고 수강료까지 환불해줬으니 회사만 손해 보는 일이었을까요? 사실 인터넷 강의를 끝까지 듣는 것은 쉽지 않습니다. 그래서 회사에서는 인터넷 강의를 끝까지 들을 확률을 분석해서 수강료 환급제를 제안했습니다. 그리고 수강료 환급제에 매력을 느끼고 많은 수강생들이 몰렸지만, 실제로 강의를 끝까지 듣는 수강생이 많지 않기 때문에 업체에서 수강료를 환급해주는 비율 역시 높지 않습니다.

결국 수강료 환급이라는 이슈를 통해 업체는 많은 매출을 올렸습니다. 이처럼 강의를 모두 들었을 때는 수강생과 부모님, 그리고 약속을 이행한 업체까지 모두가 웃을 수 있는 '3자 원원 win-win' 전략이 바로 에스티유니타스의 수강료 환급제입니다.

그런데 우리가 에스티유니타스의 사례에서 주목할 것은 수강료 환급이 아닙니다. 인터넷 강의라는 레드오션 시장에서 거둔 성과라는 점을 주목해야 합니다. **경쟁이 치열한 레드오션이지만 새로운 대안을 제시할 때, 사람들이 관심을 보이고 모이게 되는 거죠.**

## 만족도를 높입니다

와비파커WARBY PARKER는 안경을 판매하는 온라인 사이트입니다. 구매자가 와비파커 사이트에서 최대 다섯 종류의 안경을 고르면, 회사는 구매자에게 배송을 합니다. 구매자는 3~5일간 안경을 써본 뒤 와비파커로 다시 안경을 보냅니다. 그리고 가장 마음에 드는 안경을 고르고 시력 등을 입력합니다. 그러면 회사는 렌즈 등을 맞추어서 다시 구매자에게 보내는 방식입니다.

와비파커의 경쟁력은 무엇일까요? 미국은 안경이 굉장히 비쌉니다. 심지어 안과의사보다 안경사가 돈을 더 많이 번다고 합니다. 그런데 와비파커에서는 비싼 안경을 오프라인의 5분의 1 가격으로 구입할 수 있습니다. 거기다 샘플 배송과 반송, 완제품 배송까지 3번의 배송료 또한 무료입니다. 또 하나, 안경점에서 잠깐 써보고 사는 게 아니라 집에서 충분히 착용해보고 구매를 선택할 수 있기 때문에 만족도가 높을 수밖에 없습니다.

저렴한 가격과 충분한 착용 시간이라는 장점 덕분에 소비자들의 반응은 폭발적이었습니다. 2015년 와비파커의 매출액은 1억 달러를 기록했습니다. 그리고 미국 월간지 『패스트컴퍼니

『Fast Company』가 선정한 '가장 혁신적인 기업 50'에서 구글, 페이스북, 애플을 제치고 가장 혁신적인 기업으로 선정되었습니다.

고가의 안경 시장에서 와비파커가 훨씬 저렴한 가격을 제시하고 충분히 착용해볼 수 있는 기회를 제공하자, 소비자들은 몰려갈 수밖에 없었던 겁니다.

<br>

*

## 본질에 집중합니다

에어비앤비Air BnB는 개인이 자신의 집 혹은 방을 여행자에게 제공하는 숙박 공유 서비스입니다. 그전에 여행자는 호텔이나 모텔, 게스트하우스 등에서 숙박을 해결했습니다. 이들은 모두 처음부터 숙박을 목적으로 하는 업소입니다. 하지만 에어비앤비는 '잠잘 곳을 해결한다'는 본질에 집중했고, 그 결과 숙박 공유 서비스라는 새로운 대안을 내놓게 되었습니다. 그리고 현지인의 집을 공유하면서 단순히 잠을 자는 것에서 새로운 경험을 창출하는 것으로 바뀝니다. 현재 에어비앤비의 기업 가치는 29조 3000억 원에 달합니다.

2011년에 설립한 위워크WeWork는 에어비앤비의 사례를 적용한 기업입니다. 숙소를 공유하는 에어비앤비의 시스템에 착안하여 사무 공간을 임대하는 시스템을 만들었습니다. 사무 공간을 빌려서 작고 세련된 사무실과 공용 공간을 구성한 후 재임대하는 방식입니다.

위워크의 현재 기업 가치는 100억 달러에 이릅니다. 30대 초반의 젊은 창업자들은 설립 5년 만에 큰 성과를 이뤄냈습니다. 임대업이라는 욕망 가득한 레드오션에 새로운 대안을 제시하여 성공한 사례입니다.

\*

## 새로운 수요를 창출합니다

대한민국, 아니 지구상에서 가장 경쟁이 뜨거운 레드오션은 아마도 치킨 시장일 겁니다. 세계적인 패스트푸드점인 맥도날드McDonald가 전 세계 220개국에 세운 매장의 수는 62만 개입니다. 그런데 한국에 있는 치킨집은 65만 개에 이릅니다. 이렇게 치열한 시장에서도 새로운 대안을 제시하면 수요를 창출한다는 것을 보여주는 곳이 있습니다. 바로 60계 치킨입니다.

60계는 하루에 딱 60마리의 닭만 튀겨 파는 프랜차이즈 치킨집입니다. 소규모 가게 같아 보이죠? 하지만 대부분의 치킨집에서 하루에 판매하는 치킨은 20마리가 안 된다고 합니다. 치킨 외에 이런저런 다른 메뉴를 합쳐도 하루에 20마리가 안 됩니다. 그러니까 하루 60마리가 작은 숫자라고 볼 수는 없습니다.

60계는 영업이 시작되면 CCTV로 매장을 관찰합니다. 60개의 표지를 만들어두고 치킨이 한 마리 팔릴 때마다 표지를 한 장씩 빼는 거죠. 치킨이 팔리면 팔릴수록 숫자가 줄어듭니다. 그런데 사람 심리라는 게 이상합니다. 눈앞에서 숫자가 자꾸 줄어들면 꼭 사야 할 것만 같습니다. 한정판이라고 하면 평소에 관심이 없던 물건인데도 이상하게 눈길이 더 갑니다. 마찬가지로 치킨을 60마리만 판다니까, 그리고 자꾸 숫자가 줄어드니까 왠지 오늘 먹어야 할 것 같은 기분이 드는 거죠.

그러나 한정 판매라는 이슈만 가지고는 대한민국의 치킨 시장에서 살아남기 어렵습니다. 무엇보다 치킨이 맛있어야 합니다. 60계 치킨이 맛있다는 건 어떻게 알릴 수 있을까요? 60계는 맛있는 치킨을 위한 핵심 경쟁력으로 깨끗한 기름을 선택했습니다. 하루에 식용유 20리터를 쓰는데, 가맹본부에서 매일 아침 새 기름을 배달해주고, 전날 사용한 기름은 회수합니다. 그런데 이렇게 기름을 매일 바꾸면 점주에게는 부담이 될 수 있습니다. 그래서 60계는 20리터 기름 한 통을 점주에게 1000원에 공급한다고 합니다. 가격이 저렴하기 때문에 점주들은 부담 없이 식용유를 구입해서 깨끗한 기름으로 닭을 튀길 수 있는 겁니다.

'깨끗한 기름, 맛있는 닭, 60마리 한정 판매.' 이것이 60계의 콘셉트입니다. 2016년 1월 1일에 1호점을 오픈하여 1년 만에 매장 수가 70개 이상으로 늘었다고 합니다. 현재 오픈 대기 중인 매장도 수백 개에 이릅니다. 확실한 대안이 있다면 아무리 치열한 레드오션에서도 성공할 수 있다는 것을 60계가 보여주고 있습니다.

*

## 블루오션입니까, 레드오션입니까?

앞서 소개한 사례들에서 우리가 주목해야 할 것은 무엇일까요? 저 기업들이 얼마나 비즈니스를 잘하는지를 보자는 게 아닙니다. 그들의 방법을 벤치마킹하자는 것도 아닙니다. 그들이 주목한 시장에 주목해보자는 겁니다. 욕망이 가득하고 경쟁이 치열한 시장에 새로운 대안을 내놓았을 때, 어떤 결과가 나오는지를 주목해야 합니다.

**뜬구름처럼 멀리 있는 것을 보기보다는, 지금 욕망이 가득한 곳에 어떤 새로운 대안을 제시할지를 고민해야 합니다.** 블루오션Blue Ocean이 아니라 레드오션Red Ocean에서 살아남는 방법을 고민하는 것이 좀 더 현실적입니다.

블루오션은 경쟁자가 없는 시장을 말합니다. 그런데 다시 생각해보면 경쟁자가 없는 이유가 있을 겁니다. 간단하게 생각하면 먹을 게 없기 때문입니다. 레드오션은 경쟁자가 많은 곳이지만, 그만큼 먹을 것도 많은 시장입니다. **중요한 건 이 치열하고 냉혹한 레드오션에서도 새로운 대안을 제시하면 사람들이 몰려든다는 겁니다.**

블루오션이라는 용어는 2005년에 등장해 한 시대를 풍미했습니다. 하지만 그 이후로 블루오션 전략으로 성공한 사례를 들어보신 적 있나요? 물론 스티브 잡스처럼 블루오션을 개척하는 사람도 있지만, 스티브 잡스는 천재로 분류할 수 있는 사람입니다. 스티브 잡스처럼 천재가 아닌 평범한 사람이라면, 블루오션이 아니라 레드오션에서 새로운 대안을 찾는 것이 성공 가능성이 훨씬 더 높습니다. 그리고 이것을 반복하다 보면 저절로 블루오션의 조합이 나오게 됩니다.

성공한 사람들의 이야기를 들어보면 뜻밖에도 아주 평범하면서도 상식적인 내용입니다. 어느 날 갑자기 뭔가가 뚝 떨어져서 성공한 게 아닙니다. "안경이 왜 이렇게 비싸지?" "집에 비어 있는 방을 활용할 방법이 없을까?" "조용하게 일할 사무실 한 칸만 있으면 좋겠는데……" 등등 일상적이면서도 단순한 질문에서 출발했습니다. 이 질문을 던지고 고민한 끝에 하나의 대안을 제시한 것이 앞에 언급한 기업들입니다. 이렇게 평범하고 단순한 물음에 대한 해답을 찾아가다 보면 우리가 도전해볼 수 있는 영역이 무궁무진하다는 것을 발견하게 될 겁니다.

두 가지 포인트만 기억하면 됩니다.

1.

욕망 가득한 곳을

**나**와 **어떻게 접합**시킬 것인가?

2.

레드오션에

**남다른 대안**을 **제시**할 수 있는가?

'욕망 가득한 레드오션에
새로운 대안을 제시하는 것'을
실현하는 것이 바로
성공하는 비즈니스의 비결입니다.

돈을 버는 쉽고 빠른 접근법입니다.

이제부터 우리는 '욕망 가득한 레드오션에 새로운 대안을 제시하는 방법'을 찾기 위한 이론을 공부하고, 사례를 살펴볼 것입니다. 적절한 수의 이론을 공부하되, 1000개의 사례를 살펴봐야 합니다. 여러분은 1000개의 사례를 익혀 조자룡이 창을 쓰듯 자유자재로 쓸 수 있어야 하고, 누구를 만나든 즉시 솔루션을 제시할 수 있도록 기술을 익혀야 합니다. 그것이 이 책의 목적입니다.

"죄송합니다만
제가 먼저 복사기를 사용하면 안 될까요?
왜냐하면 제가 좀 급해서요."


"죄송합니다만,
제가 먼저 복사기를 사용하면 안 될까요?"

# 2.
# 사람의 인지적 특성
Fixed Action Pattern

"죄송합니다만, 제가 먼저 복사기를 사용하면 안 될까요? 왜냐하면 제가 좀 급해서요."
"죄송합니다만, 제가 먼저 복사기를 사용하면 안 될까요?"

둘 다 복사기를 먼저 쓰게 해달라고 부탁하는 내용입니다. 다만 첫 번째 부탁에는 내가 지금 급하니까 복사기를 먼저 사용하겠다는 이유가 제시되어 있습니다. 어떤 결과가 나타났을까요?

놀랍게도 두 질문에 대한 사람들의 반응은 크게 달랐습니다. 첫 번째 부탁에는 94%의 사람들이 요청을 받아들였습니다. 두 번째 부탁에는 60%가 승낙했습니다. 같은 내용의 요청이지만 34%의 승낙 차이를 보인 이유가 무엇일까요?

## 칩칩 사운드

34%의 차이를 알아보기 전에 한 가지 용어를 살펴볼 필요가 있습니다. 칠면조 새끼들은 '칩칩chipchip' 하는 소리를 냅니다. 그러면 눈이 어두운 어미 칠면조는 새끼들의 소리를 듣고 먹이도 주고, 품어주기도 합니다. 칠면조의 천적은 족제비입니다. 족제비는 칠면조 새끼들을 잡아먹습니다. 그런데 박제된 족제비 안에 칠면조 새끼 소리를 녹음해서 어미 칠면조에게 들려주면 어떤 일이 벌어질까요? 눈이 나쁜 어미 칠면조는 '칩칩'이란 소리에 반응해서 박제된 족제비를 자기 새끼처럼 대합니다. 어미 칠면조가 울음소리를 기준으로 자기 새끼인지 아닌지를 판단하는 것입니다. 이것을 동물심리학에서는 고정행동유형Fixed Action Pattern이라고 합니다.

*

## 고정행동유형

인간이라고 해서 칠면조와 별반 다르지 않습니다. 인간이 칠면조의 행동 양식과 크게 다르지 않다는 사실을 이해하면, 사람을 설득하고 비즈니스를 만드는 데 아주 유용합니다. 실제 앞의 복사기 사용에 대한 반응은 하버드 대학교의 심리학 교수인 엘런 랭어Ellen Langer가 수행한 실험의 결과입니다.

첫 번째 부탁은 "왜냐하면 제가 좀 바빠서요"라는 별 도움이 될 것 같지 않은 이유가 하나 붙었을 뿐입니다. 하지만 결과는 94%와 60%로 큰 차이를 보입니다. 랭어 교수에 따르면, 이 '왜냐하면'이 바로 칩칩 소리에 해당한다는 겁니다. 사람들은 전체 맥락을 보는 게 아니라 '왜냐하면'이라는 단어를 듣는 순간에 의사결정을 한다는 겁니다. '왜냐하면'이란 단어 하나로 승낙률이 34%나 올라가는 놀라운 결과가 나타나는 겁니다.

랭어 교수의 실험은 우리의 비즈니스에 이런 물음을 던집니다.

**"당신은 고객을 설득하기 위해 '왜냐하면'의 체계를 얼마나 잘 조직화했나요?"**

저는 기업의 경영·마케팅 등에 관한 솔루션을 제공하는 일을 하고 있습니다. 굉장히 편해 보이는 직업일 수도 있습니다. 하지만 기업의 회장이나 임원진을 만나서 자문해주고 돈을 받는 일이 결코 쉬울 수는 없습니다. 이분들의 질문에 해답을 제시하는 게 만만하지 않습니다. "M&A를 하려고 합니다. 투자비용이 500억인데 해야 하나요, 말아야 하나요?" 이런 식의 질문들이죠. 그러니 편하게 의견을 제시하는 것처럼 보일 수 있지만 제가 받는 스트레스는 엄청납니다.

얼마 전 한 기업의 마케팅 회의에 참석한 적이 있습니다. 제품의 다음 마케팅 정책을 모색하는 자리였습니다. 그런데 팀원 전체가 모여서 저만 바라보는 겁니다. "박사님, 몇 달을 고민해도 답이 없어요. 어떻게 해야 되죠?" 이때 저에게서 칩칩 사운드 ChipChip Sound가 나가야 합니다.

칩칩 사운드는 두 가지 조건이 필요합니다. 유효해야 하고, 믿을 만해야 합니다. 고객들이 들어보니 타당해야 하고, 그 타당한 이야기가 기존에 갖고 있던 논리에서 벗어나지 않아야 합니다. 그래야 신뢰할 수 있고 타당한 칩칩 사운드가 되는 겁니다.

결국,

고객을 설득하고 신뢰감을 주어
나의 비즈니스를 성공시키기 위해서는
확실하고 믿음직한 칩칩 사운드를
얼마나 갖고 있느냐가 관건입니다.

도대체 인간은 왜
상식적으로 이해할 수 없는
행동을 할까?

.

.

.

# 이 질문을 해결하면
# 마케팅 전략이 달라집니다.

# 3.
# 의사결정의 2가지 방법 (1)

### Central vs. Peripheral

사람은 이성적인 동물이라지만, 도저히 이성적으로는 이해할 수 없는 행동을 하기도 합니다. 왜 사람들은 이해할 수 없는 행동을 할까요? 그 이유를 찾기 위해 많은 학자들이 연구를 했습니다. 지금부터 그런 연구들을 소개해보겠습니다.

*

## 두 가지 생각

미국의 사회심리학자인 레온 페스팅거Leon Festinger는 종말론을 믿는 종교집단에 신도로 들어갔습니다. 사실 그는 종말론을 믿는 사람은 아니었습니다. 그는 휴거가 일어나지 않았을 때, 종말론을 주장하는 사람들이 어떤 반응을 보일지 무척 궁금했습니다. 그것을 연구하는 것이 그의 목적이었습니다. 연구를 위해 페스팅거는 무려 2년 넘게 종말론을 주장하는 종교집단에서 충실하게 신도생활을 했습니다. 1954년 12월 21일은 드디어 종교집단에서 주장하는 휴거일이었습니다. 페스팅거는 그 종교집단의 핵심 인사들과 같은 방에 있었습니다.

시간이 흘러 휴거의 시간이 돌아왔습니다. 당연히 아무 일도 일어나지 않았습니다. 그러나 아무도 소리를 내지 않고 있었습니다. 3분 정도의 시간이 흘렀을까, 누군가가 박수를 치더니 이렇게 말하더랍니다. "드디어 우리의 기도가 통했습니다. 신이 우리를 심판하지 않고 이 세상을 조금 더 지켜보기로 하셨습니다!"

엄청난 거짓말이죠? 지구가 종말을 맞이해 인간은 다 죽는다고 했는데, 아무 일도 일어나지 않았던 겁니다. 그러자 이번에는 자신들의 기도가 통한 것이라고 주장한 겁니다. 상식적으로 휴거는 일어나지 않을 일이지만, 그들은 휴거를 믿고 이상한 행동을 해왔습니다. 페스팅거는 그 이유가 궁금했던 겁니다.

인간은 가끔 이해할 수 없는 행동을 합니다. 그 이유를 알기 위해서 많은 심리학자들이 연구를 했습니다. 이성이나 상식과 거리가 먼 일들이 생기는 이유를 알고자 했던 거죠. 연구자들은 한 가지 가정을 했습니다.

사람의 마음속에는 두 가지 생각이 있다.

하나는 체계적이고 상식적인 생각, 다른 하나는 비체계적이고 이상한 생각. 연구자들은 이 두 가지 생각이 분리되어 있을 것이라고 가정하고 연구를 진행했습니다. 그리고 이 연구 결과가 오늘날 마케팅, 브랜딩, 경쟁 전략 등 수많은 분야에서 응용되고 지대한 영향을 미치고 있습니다.

\*

## 페티와 카시오포의 실험

먼저 살펴볼 논문은 '사람의 생각은 두 가지다'라는 전제에 집중한 리처드 페티Richard Petty와 존 카시오포John Cacioppo의 연구입니다. 그들의 연구에 따르면 사람의 생각은 중심 처리Central Process와 주변 처리Peripheral Process로 나뉩니다.

중심 처리는 중심적인 정보처리 방식을 말합니다. 사람의 머릿속에는 중심 통로Central Route가 있는데, 이성적인 생각을 하는 통로입니다. 이곳에서는 상식적이고 중요한 내용을 처리합니다. 그리고 또 다른 가닥으로 주변 통로Peripheral Route가 있습니다. 사람의 머릿속에 이 두 가지 길이 있다는 것을 증명한 사람이 바로 페티와 카시오포입니다. 마치 이성이 있고 감성이 있는 것처럼 생각에도 중심적인 것과 주변적인 것이 있다는 겁니다.

\*

## 페티와 카시오포의 실험 세팅

| 관여도 (Involvement) | 메시지의 강도 (Argument Quality) | 주변 정보 (Peripheral Cue) | 실험집단 (Cell) |
|---|---|---|---|
| 고 | 강 | 유명인 | 집단 1 |
| | | 비유명인 | 집단 2 |
| | 약 | 유명인 | 집단 3 |
| | | 비유명인 | 집단 4 |
| 저 | 강 | 유명인 | 집단 5 |
| | | 비유명인 | 집단 6 |
| | 약 | 유명인 | 집단 7 |
| | | 비유명인 | 집단 8 |

고관여High Involvement 집단에게는 앞에 레이저 면도기를 두고, 회의가 끝나면 나눠준다고 말합니다. 그리고 레이저 면도 기에 대한 광고를 보여주죠. 그러면 이 집단은 '내가 받는 게 저 거구나'라고 생각하게 되므로 정보처리 양이 많아집니다. 그래 서 고관여 상황이 만들어지는 겁니다.

저관여Low Involvement 집단에게는 앞에 치약을 두고 나갈 때 나눠준다고 말합니다. 그러고 나서 레이저 면도기에 대한 광 고를 보여줍니다. 나갈 때 받는 것은 치약인데, 보여주는 것은 레 이저 면도기니까 아무래도 관여도가 떨어지게 됩니다.

메시지의 강도는 레이저 면도기의 어떤 면을 강조할지를 조 정하는 것입니다. 강한 메시지는 레이저 면도기의 성능, 품질 등 에 대한 정보를 줍니다. 약한 메시지는 제품의 외형 등에 대한 정 보를 줍니다.

세 번째 주변 정보Peripheral Cue는 제품에 대해 이야기하는 사람이 누구인가입니다. 유명인과 비유명인으로 나뉩니다. 이렇 게 해서 모두 8개의 실험집단을 대상으로 광고 효과를 알아보는 실험입니다.

## 관여도가 높으면 핵심 정보에 집중하라

저관여도 상황의 결과를 보면, 유명인이 나올 때 점수가 가장 높습니다. 비유명인이 나왔을 때는 점수가 낮았고, 제품에 대한 메시지의 강도도 점수 상승에 영향을 미치지 못했습니다. 오로지 유명인이 광고할 경우에만 높은 점수를 기록했습니다. 나와 관여도가 높지 않은 제품인 경우에는 유명인이 광고를 할 때만 설득이 된다는 말입니다. 거꾸로 말하면 관여도가 높은 제품이라면 모델의 유명도는 상관이 없습니다.

고관여도 상황의 그래프를 보면 강한 메시지의 점수가 눈에 띄게 높다는 것을 알 수 있습니다. 즉 여러분에게 직접적으로 필요하고 이해관계가 걸려 있는 제품이라면 주변적인 내용은 의미가 없다는 말입니다. 핵심 정보를 알려주는 강력한 메시지가 중요하지 주변적인 요인은 소용이 없습니다. 레이저 면도기를 받아갈 사람에게는 면도기의 기능적인 면이 중요할 뿐, 디자인이나 패키지 등은 중요하지 않다는 뜻입니다.

페티와 카시오포의 실험 결과를 요약하면 다음과 같습니다.

관여도가 낮은 경우에는 **주변 단서(모델 등)를 활용하고,**

관여도가 높은 경우에는 **핵심 정보(메시지 등)를 활용해야 합니다.**

관여도가 낮으면 **유명인의 광고에 더 강력하게 반응하고,**

관여도가 높으면 **강력한 메시지의 효과는 더욱 증폭됩니다.**

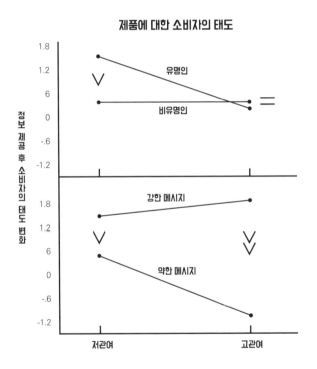

제품에 대한 소비자의 태도

이 실험은 사람의 생각에는 중심 경로와 주변 경로가 있다는 것을 보여줍니다. 중심 경로에서는 메시지의 강도, 메시지의 설득력, 내용의 타당성이 훨씬 중요합니다. 이때에는 주변 정보를 아무리 넣어도 효과가 없습니다. 따라서 여러분이 판매하는 제품이나 서비스가 고관여인가 저관여인가를 판단해서 접근 방식을 달리할 필요가 있습니다.

*

## 오로나민C

최근 눈에 띄는 광고가 있습니다. '오로나민C'라는 비타민 음료입니다. 우리가 이 음료를 살 때는 성분이나 효능을 생각하지 않습니다. 전현무의 방정맞은 춤과 중독성 강한 노래만 떠올리게 됩니다. 1000원짜리 제품을 사는 데 고민할 필요가 없는 거죠. 이럴 때 바로 주변 정보가 중요해집니다. 광고 모델이 누구인지 혹은 음악과 같은 주변 요소들이 제품을 선택하는 데 영향을 미치는 거죠.

지금 여러분의
제품과 서비스를 다시 생각해보세요.


중심적인 것인가요?
주변적인 것인가요?


결과에 따라
여러분이 사용해야 할 전략이 달라집니다.

'만약 더 싸게 파는 곳이 있다면
차액의 3배를 드립니다!'

.

.

.

## 이 메시지는 어떻게
## 사람을 움직이게 할까요?

# 4.
# 의사결정의 2가지 방법 (2)
### Heuristic vs. Systematic

인간의 생각에 관한 또 다른 연구를 보겠습니다. 역시 인간의 생각에는 두 가지 방식이 있다는 전제하에 사회심리학자 셸리 차이켄Shelly Chaiken이 쓴 논문입니다. 기본적인 개념은 페티와 카시오포의 중심-주변 개념과 비슷하지만, 이 연구에서는 체계적 사고Systematic Processing와 추론적 사고Heuristic Processing라는 용어를 사용했습니다. 체계적 사고는 중심 경로, 추론적 사고는 주변 경로라고 볼 수 있습니다.

\*

## 휴리스틱, 생각의 지름길
언제부터인가 머리카락이 빠지기 시작합니다. 그럼 어떤 생각이 드시나요? '나도 이제 늙는구나'라고 생각하실 겁니다. 머리카락이 빠지는 상황을 보고 늙는다는 것을 추론합니다. 휴리스틱 Heuristic은 보통 '생각의 지름길'이라고 번역되고, 정보처리 논문에서는 추론 단서라고 이야기합니다.

머리카락이 빠지는 순간 '늙는구나'라는 생각이 듭니다. 세상에 늙는 것을 좋아할 사람은 없습니다. 그래서 빠진 머리카락을 감추려고 하죠. 이렇게 어떤 상황에서 깊이 생각할 필요 없이 바로 떠오르는 생각, 이 생각이 바로 휴리스틱입니다. 앞에서 본 칩칩 사운드가 인지심리학에서는 휴리스틱이라고 할 수 있습니다. 소리를 듣고 자기 새끼라고 생각하는 칠면조처럼 어떤 단서에 의해 무의식적으로 의사결정을 하는 상황을 말합니다.

*

## 실험 세팅

기본적인 실험 세팅은 페티와 카시오포의 실험과 비슷합니다. 토론토 대학생 207명을 대상으로 실험을 진행하는데, 먼저 고관여도와 저관여도 상황으로 나눕니다.

학생들에게 "내년 봄 학기부터 토론토 대학은 3학기제로 바

| 관여도<br>(Involvement) | 메시지의 강도<br>(Argument Quality) | 주변 정보<br>(Peripheral Cue) | 실험집단<br>(Cell) |
|---|---|---|---|
| 고 | 6개 메시지 | 호의적 | 집단 1 |
| | | 비호의적 | 집단 2 |
| | 2개 메시지 | 호의적 | 집단 3 |
| | | 비호의적 | 집단 4 |
| 저 | 6개 메시지 | 호의적 | 집단 5 |
| | | 비호의적 | 집단 6 |
| | 2개 메시지 | 호의적 | 집단 7 |
| | | 비호의적 | 집단 8 |

꿉니다"라고 말하고 3학기제에 대한 토론을 하게 하는 겁니다. 굉장히 복잡하지만 중요한 문제입니다. 지금까지 2학기제로 생활했는데, 3학기가 되면 많은 부분이 바뀌게 됩니다. 당장 방은 어떻게 해야 하며, 등록금이나 방학 기간도 변경될 수 있습니다. 이렇게 해서 고관여도 집단이 만들어집니다.

반대로 저관여도 집단의 학생들에게는 '하루에 최소 8시간은 자야 한다'라는 주제로 토론을 하게 했습니다. 수면 시간에 대한 문제는 지극히 개인적입니다. 각자가 처한 상황이 다르고, 몸 상태가 다르기 때문에 알아서 할 문제입니다. 당연히 토론에 대한 관심도가 떨어집니다.

그리고 다시 강력한 6개의 논증 메시지와 약한 2개의 논증 메시지로 실험집단을 나눕니다. 마지막으로 정보 제공자는 호의적인 정보 제공자와 비호의적인 정보 제공자로 나눕니다. 호의적 정보 제공자는 토론토 대학 출신으로 토론토 대학 교무과에 근무 중인 직원이고, 비호의적 정보 제공자는 경쟁 대학인 밴쿠버 대학에서 온 사람입니다. 이렇게 총 8개의 실험집단을 만들어서 실험을 진행했습니다. 각각의 상황에서 참가자들의 태도 변화를 관찰하는 거죠.

*

## 관여도가 낮을 때 추론적 사고가 이루어진다

저관여 상황에서는 호의적인 정보 제공자가 말했을 때 비호의적인 정보 제공자보다 훨씬 유의미한 태도 변화를 보였습니다. 하지만 고관여 상황에서는 정보 제공자의 영향을 받지 않았습니다. 결국 나에게 중요한 정보는 누가 이야기하든 상관없이 나의 행동에 변화를 줄 수 있다는 말입니다. 곧 체계적 사고에서 광고 모델은 중요하지 않습니다. 광고 모델은 관여도가 낮은 상황에

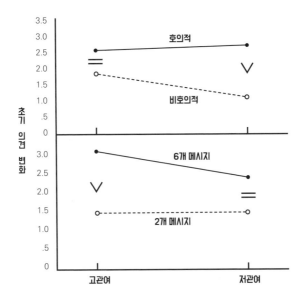

서 영향을 줄 수 있습니다.

　메시지가 미치는 영향은 어떻게 나타났을까요? 고관여 상황에서는 6개의 메시지를 받았을 때, 2개의 메시지를 받았을 때보다 훨씬 더 많은 태도 변화를 보였습니다. 그러니까 관심이 높은 상황에서는 메시지의 수량, 메시지의 타당성이 중요합니다.

　차이켄 교수의 실험 결과를 요약하면 다음과 같습니다.

사람은

관여도가 높으면 중심 정보를 선택하고,

중심 경로를 통해서 체계적인 사고를 합니다.

반면 관여도가 낮으면 주변 정보를 선택하고,

주변 통로를 통해서 추론적인 사고를 합니다.


＊


## 2개의 논문으로 알 수 있는 것

페티와 카시오포의 논문과 셸리 차이켄의 논문을 통해 우리는 어떤 결론을 얻을 수 있을까요? 페티와 카시오포의 논문에 따르면 체계적인 사고는 동기와 능력에 따라서 결정됩니다. 어떤 사람에게 정보를 주었을 때, 그 사람이 정보를 처리할 동기가 높고 능력이 있다면 체계적인 사고 과정으로 들어갑니다. 반면 동기가 낮고 능력이 없다면 주변 경로와 추론적인 사고로 빠지게 됩니다.

이 두 논문을 통해서 우리는 사람의 머리는 하나이지만 생각하는 방법은 둘로 나뉜다는 것을 확인할 수 있습니다. 중심적이고 체계적인 사고와, 주변적이고 추론적인 사고로 구분할 수 있다는 것입니다.

따라서

우리가 고민해야 하는 것은 무엇일까요?

여러분의 고객이 **어떤 사람**인지를 **생각**해야 합니다.

고객이 높은 동기부여를 갖고 있고 능력도 있다면,
체계적인 접근을 해야 합니다.

만약 그렇지 않다면
추론적인 접근 방법을 택해야 합니다.

\*

## 휴리스틱의 체계와 응용

2차 세계대전 중에 유잘 엔트라는 공군 장군이 비행기를 조종하게 됐습니다. 그는 비행기가 움직이자 손가락과 머리를 까딱까딱 흔들었습니다. 그때 부조종사가 그의 손동작을 보고 랜딩 기어를 올리라는 뜻으로 알고 랜딩기어를 당겨 바퀴를 들어올렸습니다. 원래 비행기는 충분히 속력을 내고 공중에 뜬 상태에서 바퀴를 올려야 합니다. 하지만 부조종사는 유잘 엔트가 손가락을 흔드는 것을 보고 비행기가 뜨지도 않은 상태에서 랜딩 기어를 당겼고, 비행기는 그 즉시 주저앉았습니다. 이로 인해 유잘 엔트는 전신마비의 부상을 입었습니다.

랜딩 기어를 당길 만큼 비행기가 충분히 뜨지 않았다는 사실을 부조종사도 알고 있었을 겁니다. 그런데도 랜딩 기어를 당긴 이유는 무엇일까요? 바로 칩칩 사운드, 휴리스틱 때문입니다. 원래 손가락을 흔드는 것은 랜딩 기어를 당기라는 신호이기에, 상황이 여의치 않음에도 부조종사는 무조건적으로 반응을 한 것입니다.

흔하지 않은 일인 것 같지만, 휴리스틱에 근거해서 말도 안 되는 의사결정을 하는 일이 우리 주변에서 자주 일어납니다. 칩칩 소리만 듣고 비합리적인 결정을 내리는 경우가 무척 많습니다. 우리는 이런 상황을 고려해, 역으로 휴리스틱을 우리의 비즈니스에 이용해야 합니다.

"더 싸게 파는 곳이 있다면 차액의 3배를 드립니다."
이마트에 가면 볼 수 있는 문구입니다. 이마트가 아니더라도 마트나 홈쇼핑에서 '최저가 보상' 마케팅 전략을 쉽게 볼 수 있습니다. '최저가 보상'이란 말을 접했을 때 우리가 하게 되는 체계적인 사고는 무엇일까요? 당연히 정말 최저가인지, 어디가 더 싼지를 비교해보는 일입니다.

그런데 최저가를 보상한다는 말이 그대로 칩칩 사운드가 되어버립니다. "다른 곳에서 더 싸게 판다면 차액의 3배를 지불하겠습니다"라는 말을 듣는 순간 어떤 휴리스틱이 작동할까요? '여기가 제일 싸겠지. 더 이상 가격 비교는 할 필요가 없어'라고 생각하는 겁니다. 그래서 가장 큰 마트에서 '최저가 보상'을 이야기하는 순간 가정은 사실이 됩니다. 가격을 비교해보라는 메시지이지만, 실제로는 소비자들에게 가격 비교를 멈추게 하는 효과가 있습니다.

성금을 모금할 때 어떤 말이 사람들의 마음을 가장 많이 움직일까요? 미국 애리조나 대학교의 심리마케팅 교수인 로버트 치알디니(Robert Cialdini)가 수행한 연구입니다. 첫 번째 팀에게는 기부가 얼마나 중요한지에 대해 이야기했고, 두 번째 팀에게는 기부를 통해 얻을 수 있는 개인적인 이익에 대해 이야기했습니다. 세 번째는 하느님을 언급했고, 네 번째 팀에게는 "동전도 괜찮습니다"라고 말했습니다. 어떤 결과가 나왔을까요? 네 번째 팀은 10분 만에 그날 모금액의 50%를 모았습니다.

동전은 푼돈이라고 생각하는 휴리스틱이 있습니다. 이사를 하다 보면 책상이나 장롱 아래에 동전들이 굴러다닙니다. 굳이 찾으려고 하지도 않았던 돈입니다. 동전은 있어도 그만 없어도 그만인 돈이라고 생각합니다. 하지만 같은 금액이라도 지갑에서 꺼낸 돈은 내 돈이 됩니다.

그러니까 어떤 휴리스틱을 쓰느냐에 따라서 동일한 금액이라도 사람들의 정보처리는 달라집니다. **심리학은 사람들이 빈번하게 저지르는 실수, 휴리스틱의 체계를 연구하는 것이 주된 목적입니다. 그리고 마케팅은 심리학적으로 저지르는 실수를 나에게 유리하게, 경쟁자에게 불리하게 조직화하는 것입니다.**

＊

## 체계적인 것을 휴리스틱하게 이야기하라

그러면 고객을 만족시키면서 나의 비즈니스를 확장하기 위해서는 어떻게 해야 할까요? 휴리스틱만으로 가능할까요? 모든 사람은 스스로 체계적이고 싶은 욕망을 갖고 있습니다. 그렇기에 우리는 고객에게 체계적으로 제시하면서, 사실은 휴리스틱하게 전달해야 합니다. 그래야 고객도 만족하고 여러분도 만족하는 결과를 얻을 수 있습니다.

전문가가 되려면
　　　반드시 자신의 분야에 대한
　　　　　체계적인 지식을 갖고 있어야 합니다.
　　　　　그리고 그 지식이 고객에게는
　　　　　　　휴리스틱하게 전달되어야 합니다.

1.

## 현재 회사 역량에 부합하는 사람

2.

## 장기적으로 발전 가능성이 높은 사람

3.

## 내 앞에서 활짝 웃으며 말하는 사람

.
.
.

## 누가 최종 선발되었을까요?

# 5.
# 어떤 사람이 최종 선발되는가?

## Effect of Applicant Influence

"현재 회사 역량에 부합하거나, 지금은 아니더라도 장기적으로 발전 가능성이 높은 사람을 채용하고 싶습니다. 이것이 우리 회사에서 요구하는 인재상입니다."

미국의 주요 대기업을 대상으로 어떤 인재를 원하는지를 조사했습니다. 위의 내용은 채용 담당 임원들이 이야기한 것입니다. 누구나 수긍할 수 있는 말입니다. 그런데 과연 실제로도 그럴까요?

채드 히긴스Chad Higgins는 여러 차례 실험을 통해 어떤 사람이 회사에 최종적으로 채용되는지를 연구했습니다. 3회에 걸쳐서 자기소개Self promotion를 하고, 지원자와 환경의 적합도, 조직과의 적합도를 측정했습니다.

지원자와 직업이 얼마나 적합한지 모두 측정을 했습니다. 과연 위에서 말한 인재상에 부합하는 지원자를 채용했을까요?

*

## 웃음이 보약

결과는 놀라웠습니다. 누구나 동의할 수밖에 없는 인재에 대해 이야기했지만 실제 채용된 사람들은 몇 가지 특징이 있었습니다.

1. 내 앞에서 활짝 웃어주는 사람
2. 면접관과 지원자 사이에 공통의 취미가 있는 경우(놀랍게도 말입니다!)
3. 다른 영역에서 괄목할 만한 성과를 거둔 사람

지원자가 대답을 하면서 활짝 웃거나, 자신감 있는 태도를 보이고, 면접관과 얼마나 자주 시선을 마주치느냐가 채용에 영향을 준 것입니다.

더 놀라운 점은 지원자가 자신의 직무 능력에 대해서 이야기하는 것은 채용에 별다른 영향을 주지 않았다는 점입니다. 대신에 활짝 웃는 것이 지원자에 대한 호감을 높이고, 최종 의사결정(채용 여부)에까지 영향을 주었습니다.

직원을 뽑는데 그 사람의 직무 능력과 개인적인 역량보다는, 눈을 잘 마주치고 활짝 웃고 인사를 잘 하고 다른 분야에도 역량을 가지고 있다는 평가를 받았을 때, 그 사람의 채용 확률이 더 높아지는 겁니다. 정말 재미있는 결과입니다.

왜 이런 결과가 나오는 것일까요? 지원자가 아무리 자신의 업무 능력이나 경험을 이야기하더라도 면접관의 입장에서는 그게 자신의 회사와 맞는지를 판단할 수 없기 때문이라는 겁니다. 결국 판단하기 힘든 말보다는 눈을 자주 마주치고, 활짝 웃으며, 나와 취미가 같은 지원자에게 순간적으로 호감도가 높아집니다. 그리고 호감도가 높아지면 결국 그 사람을 채용할 확률이 높아집니다.

| 전략과 전체 적합도 | 직접 효과 | 간접 효과 | 종합 효과 |
|---|---|---|---|
| 아부 | .04 | .33** | .37** |
| 자기소개 | .04 | .02 | .06 |
| 전체 적합도 | .79** | - | .79** |

실험 결과를 표로 보면, 환심을 사는 행위, 기분을 좋게 해주는 요소가 영향력이 가장 높은 것으로 나타났습니다. 반면 자기소개는 수치가 0에 가깝습니다. 내가 이 직업, 이 회사에 얼마나 적합한지를 이력서나 자기소개서 등에 아무리 피력을 해도 채용에 큰 영향을 줄 수 없다는 겁니다.

결국
면접에서 업무와 관련한 내용을
피력하는 것보다

## 잘 웃고, 눈을 잘 마주치며, 자신감 있는 태도를 보여야
채용될 확률이 높다는 것을 알 수 있습니다.

회사 직원을 뽑는 일은 회사의 미래를 결정하는 일일 수도 있습니다. 그래서 채용은 당연히 체계적인 접근을 해야 합니다. 그럼에도 불구하고 눈을 마주치고 활짝 웃는 지원자, 다른 분야에 역량이 있는 지원자를 뽑는 겁니다. 실제로 중요하게 생각하는 업무 관련 내용은 무시하고 말입니다. 이제 이와 관련해서 선택모형 논문Choice Model Paper을 보도록 하겠습니다.

왜 내 앞에서 웃는 지원자가
선택될까요?

.

.

.

# 선택의 비밀을 알면
# 의문이 풀립니다.

# 6.
# 소비자 선택 모형
Choice Model

## 동해로 갈까? 남해로 갈까?

미국의 경제학자 라비 다르Ravi Dhar는 사람들이 어떻게 선택을
하는지에 대한 연구를 했습니다. 여름 휴가지를 결정한다고 가
정하겠습니다. 동해와 남해 중에서 선택을 하는데, 동해와 남해
모두 공통적인 속성이 있습니다. 바다가 있다는 것입니다. 하지
만 동해에만 해당하는 속성이 있고, 남해에만 해당하는 속성이
있습니다. 동해는 물이 깊고 깨끗하며, 남해는 해운대 등 주변에
관광지가 많습니다.

다르 교수에 따르면 이런 상황에서 동해와 남해에 대한 정
보는 3가지 조건으로 분류됩니다. 동해와 남해에 모두 해당하는
속성을 공통 특성Common Feature이라고 합니다. 그리고 동해 또
는 남해에만 있는 속성을 독특한 특성Unique Feature이라고 합니
다. 독특한 특성은 다시 두 가지로 나뉩니다. 어느 한쪽에만 있는

속성이기 때문에 서로 비교할 수가 없으므로 하나는 좋은 특성이
될 것이고, 다른 하나는 나쁜 특성이 됩니다. 그래서 사람들은 뭔
가를 선택할 때 최종적으로 공통 특성, 좋은 특성, 나쁜 특성, 3가
지로 정보를 분류하고 선택을 하는 겁니다.

소비자들은 이 3가지 정보 중에서 제일 먼저 공통 특성을 탐
색합니다. 예를 들어 동해와 남해 어느 곳을 선택하더라도 바다
라는 공통 특성이 있기 때문에, '바다'는 사람들의 선택을 결정하
는 동기가 되지는 못합니다. 그러니까 결국 '바다'라는 속성은 사
람들의 머릿속에서 지워지게 됩니다.

그러면 이제 장점과 단점이 남아 있습니다. 독특하지만 좋
은 속성과, 독특하지만 나쁜 특성이 남는데, 나쁜 특성은 당연히
배제합니다. 군이 나쁜 것을 선택할 사람이 있을까요? 그래서 휴
가지 정보에 대한 3가지 분류 중에 최종적으로 남는 것은 좋은
특성입니다. 공통 특성은 지워지고, 나쁜 속성은 배제되고, 좋은
속성을 선택합니다.

*

## 공통 특성은 지워진다

그러면 기업의 채용에 다르 교수의 선택 모형을 적용하면 어떻게 될까요? 회사 면접에서 "제가 이 회사에 적합한 인재입니다. 저의 능력은 이 업무에 최적화되어 있습니다"라고 말하지 않는 지원자가 있을까요? 모든 지원자가 자신이 적임자라고 이야기할 겁니다. 그러니까 결국 지원자들이 쓴 자기소개서, 이력서 등은 공통 특성이 되는 겁니다. 회사에서 채용할 때에는 이런 특성을 배제할 수밖에 없습니다.

그런데 여러분, 사람의 얼굴을 마주 보고 5초 동안 활짝 웃는 것은 어떤가요? 다른 사람을 향해서 활짝 웃는 것은 정말 어려운 일입니다. 제가 면접관으로 마케팅 직군의 사람들을 뽑을 때 보면 모두들 웃으려고 애쓰긴 합니다. 하지만 자연스럽게 활짝 웃는 사람은 매우 드뭅니다. 활짝 웃는 얼굴을 보면, 저도 모르게 기분이 좋아집니다. 그래서 잘 웃는 것, 자연스럽게 활짝 웃는 것은 좋은 특성이 될 수 있는 겁니다. 그리고 그런 사람이 최종적으로 선택을 받게 됩니다.

좋은 특성이 선택을 받는데, 특히 휴리스틱에 근거한 좋은 특성이 선택에 훨씬 더 많은 영향을 줍니다. 나를 보고 웃는다는 것은 나에게 호감을 표시하는 것일 수도 있고, 자신감을 표시하는 것일 수도 있습니다. 이런 추론적 근거가 선택에 더 큰 기여를 하게 됩니다.

<br>

*

### 훌륭한 대안은 독특하면서 좋은 특성을 얼마나 잘 구조화하느냐의 문제

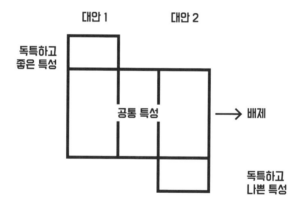

방송인 김구라 씨의 진행 스타일은 주로 다른 사람을 비판하거나 흠을 들춰내서 웃음을 유발하는 것입니다. 그렇게 유쾌한 상황은 아닙니다. 하지만 이런 스타일로 지금처럼 왕성하게 방송을 할 수 있었던 이유는 바로 그런 특성이 시청자들에게 장점으로 받아들여졌기 때문입니다. 유재석 씨와 같은 스타일의 방송 진행자는 평범해지는 겁니다. 이런 스타일은 유재석 씨 하나면 되죠.

**욕망이 가득한 시장에 새로운 대안을 내놓는 것이 선택을 결정짓는 중요한 도구라고 했습니다.** 그러면 어떤 대안을 내놓아야 소비자들의 선택을 받을 수 있을까요? 유일하면서도 좋은 대안을 제시해야 소비자들이 선택해줍니다. 작전을 짜는 사람은 체계적이고 구조적이어야 합니다. 즉 여러분은 체계적으로 정보를 처리해서 평범한 것 빼고, 나쁜 특성을 빼고, 좋은 특성을 가져가야 합니다.

1.

## 핵심 개념이 강한 제품인가요?

2.

## 강력한 실체가 있습니까?

3.

## 남다른 서비스를 제공하고 있습니까?
·
·
·

## 당신의 제품에 대해서
## 생각해보세요.

# 7.
# 제품의 3가지 차원
## Dimension of Products

마케팅의 관점에서 세상의 모든 제품은 3가지로 나누어볼 수 있습니다. 여러분이 팔고 있는 제품은 물론이고, 여러분이 제공하는 서비스도 3가지 차원에서 분석할 수 있습니다. 혹은 여러분이 강의를 하는 강사여도 이 3가지 차원으로 분석이 가능합니다.

\*

## 핵심 콘셉트

첫 번째는 핵심 콘셉트Core Concept입니다. 브랜드나 서비스가 추구하는 궁극의 가치가 바로 핵심 콘셉트입니다. 스타벅스의 핵심 콘셉트는 '갓 내린 커피'입니다. 나이키는 'Just Do It'이 핵심 콘셉트이고, 구글은 '증명되지 않은 것을 증명하다'가 핵심 콘셉트입니다. 핵심 콘셉트가 경쟁사보다 우위에 있다면, 정말 독특하고 좋은 것이라면, 핵심 콘셉트만으로도 경쟁력을 갖게 됩니다.

*

## 실체적인Tangible

핵심 콘셉트가 경쟁사와 비슷하다면 그다음으로 중요한 포인트는 바로 실체적인 부분입니다. 'Tangible'은 손에 잡힌다는 의미인데, 5가지 차원에서 경쟁사보다 우위의 실체를 만들 수 있습니다. 퀄리티, 브랜드, 패키지, 특성, 스타일 등입니다.

우선 손에 잡히는 제품의 경우 '질Quality'로써 Tangible하게 할 수 있습니다. '정말 퀄리티 좋은데!'라고 만져보고 사용해보면서 제품의 질을 판단하게 하는 것입니다.

브랜드명으로도 가능한데, 브랜드명으로 Tangible을 충족한 대표적인 사례가 '배달의 민족'입니다. 대한민국의 배달 시장에서 이보다 더 좋은 이름이 나올 수 있을까요? 이름 자체가 배달앱 카테고리 전체를 대표하는 경우입니다.

브랜드명은 정말 중요합니다. 때론 브랜드 이름이 매출을 좌지우지하는 경우도 있습니다. 대표적인 사례가 '눈높이 수학'입니다. 눈높이 수학의 이전 이름은 공문수학입니다. 이름만 눈높이 수학으로 바꾸었을 뿐인데 매출액이 크게 증가했습니다. 브랜드명 자체가 퀄리티를 높여준 사례입니다.

그다음으로 패키지를 꼽을 수 있습니다. 제품을 담는 포장이나 용기, 상자의 디자인 등을 말합니다. 특성Feature은 제품을 구성하는 세부 속성이고, 스타일은 제품의 디자인을 말합니다. 이 5가지가 제품을 이루는 실체적인 요소입니다.

＊

### 확장된Augmented

Augmented는 '증가하다' '확장하다'의 의미입니다. 실제 내용이 확장되어 부가적인 효과를 만들어내는 것을 뜻합니다. 제품이나 서비스에서 확장이란 무엇일까요? 배송이나 신용 등이 이에 해당합니다. 제품을 빠르게 배송해주는 걸 마다할 사람은 없습니다. 애프터서비스나 품질 보증, 설치 보증 등을 통해서 자신의 휴리스틱을 만들어나가는 겁니다.

배송과 신용으로 경쟁력 있는 나만의 휴리스틱을 만들어가는 브랜드들이 있습니다. 페더럴익스프레스는 하룻밤 사이에 배송을 해주는 콘셉트로 성장한 기업입니다. 우리나라에는 쿠팡이 있습니다. 쿠팡맨(친절한 서비스)과 로켓배송(빠른 배송)으로 브랜드를 알렸습니다. 이 두 기업은 배송으로 경쟁력 있는 나만의 휴리스틱을 만들었습니다.

삼성전자가 엘지전자를 압도하게 된 계기는 무엇일까요? 바로 애프터서비스입니다. 엘지가 쫓아올 수 없는 애프터서비스로 삼성전자만의 경쟁력 있는 휴리스틱을 만들었습니다.

다시 한 번
여러분의 비즈니스를 떠올려보십시오.

핵심 콘셉트가
**독특**한가요?
그러면 핵심 콘셉트로 승부를 보면 됩니다.

핵심 콘셉트가
**경쟁자**와 **유사**하거나 **똑같은가요?**
그러면 실체적인 것을 어떻게 채울지 고민하면 됩니다.

**그래도 없다면**
**확장할 수 있는 부분을 고민하면 됩니다.**

지금처럼 정보가 많은 세상에서는
반드시 핵심 콘셉트가 아니더라도 얼마든지
경쟁력 있는 나만의 휴리스틱을 만들 수 있습니다.

두 사람을 소개하겠습니다.
어떤 사람이라는 인상이 드나요?


첫 번째,

이 사람은 **지적**입니다.
이 사람은 **부지런**합니다.
이 사람은 **충동적**입니다.
이 사람은 **비판적**이고요.
이 사람은 **고집**이 셉니다.
이 사람은 **질투심**이 있습니다.


어떤 사람인지 판단해보십시오.
3초 드리겠습니다.

두 번째,

이 사람은 **질투심**이 있습니다.
이 사람은 **고집**이 세고요.
이 사람은 **비판적**입니다.
이 사람은 **충동적**입니다.
이 사람은 **부지런**하고요.
이 사람은 **지적**입니다.


이 사람의 인상을 마음속으로 그려보세요.
3초 드리겠습니다.

# 8.
# 최초 정보의 중요성
### Focal Attribute

## 사람이 저지르는 실수

여기 1미터, 50센티미터, 20센티미터 길이의 끈이 있습니다. 순서대로 A, B, C라고 하겠습니다.

그리고 B와 같은 길이의 막대기가 있습니다.

"이 막대기는 A, B, C 중 어느 것과 비슷한가요?"라고 질문하면 모두 B라고 생각할 겁니다.

그런데 솔로몬 애시Solomon Asch가 재미있는 실험을 했습니다. 8명의 피험자에게 위와 같은 상황을 제시하고 막대기와 비슷한 끈을 물었습니다. 사실 8명의 피험자 중 마지막으로 질문을 받는 사람만 진짜 피험자이고, 나머지 사람들은 실험 보조자입니다. 실험 보조자들은 이 질문에 모두 A라고 대답을 합니다. 피험자는 처음에는 그저 저 사람이 잘못 본 거라고 생각하지만, 모두가 A라고 대답하자 갑자기 자신감이 뚝 떨어집니다. '내가 잘

못 봤나?' 하는 생각이 듭니다.

실험 결과 피험자의 70%가 A라고 대답했습니다. 사람은 남들과 똑같이 가려고 하는 성향이 있습니다. 이런 이론을 사회적 증거Social Evidence라고 합니다. 앞에서 어떤 사례를 목격하면 그것이 생각의 기준점이 되어서, 그 기준점으로부터 벗어날 수가 없다는 겁니다.

우리나라는 특히 이런 현상이 강합니다. 패션, 노래, 영화, 음식 등 생활의 모든 부분에서 트렌드를 따르는 것을 좋아합니다. 내가 어떤 물건을 좋아하는지 싫어하는지는 상관없이, 다른 사람들이 사면 따라서 사곤 합니다. 다른 사람의 구매행위가 나의 구매 결정에 증거가 되는 겁니다.

이런 현상은 휴리스틱한 상황입니다. 휴리스틱의 가장 중요한 근기 중의 하나가 바로 증거를 목격하는 겁니다.

*

## 이 사람은 어떤 성격인가요?

1. 이 사람은 지적입니다.

   이 사람은 부지런합니다.

   이 사람은 충동적입니다.

   이 사람은 비판적이고요.

   이 사람은 고집이 셉니다.

   이 사람은 질투심이 강합니다.

2. 이 사람은 질투심이 강합니다.

   이 사람은 고집이 세고요.

   이 사람은 비판적입니다.

   이 사람은 충동적입니다.

   이 사람은 부지런하고요.

   이 사람은 지적입니다.

자세히 보면 1번과 2번의 사람에 대한 정보는 동일합니다. 다만 정보의 순서를 바꾸었을 뿐입니다. 피험자의 절반은 1번을 봤고, 나머지 절반은 2번을 봤습니다. 그리고 각자 자기가 본 사람에 대한 인상을 물었을 때, 피험자들은 어떻게 대답했을까요?

1번을 본 피험자들은 창의적이고 무언가를 생산해내는 사람으로 기억했습니다. 2번을 본 실험자들은 거의 사기꾼이라고 생각했습니다. 질투심이 강하고 고집이 세고 비판적인데 머리까지 좋은 사람은 크게 사고를 칠 사람이라는 거죠.

다음 표는 실제로 애시가 실험한 결과입니다. 동일한 정보의 두 사람에 대한 총 18개 항목의 평가에서 무려 14개 항목이 차이를 보이고 있습니다.

| | 실험 4 | |
| --- | --- | --- |
| | 지적인 → 시기심 많은 | 시기심 많은 → 지적인 |
| 1. 관대한 | 24 > | 10 |
| 2. 현명한 | 18 | 17 |
| 3. 행복한 | 32 > | 5 |
| 4. 온화한 | 18 > | 0 |
| 5. 재치 있는 | 52 > | 21 |
| 6. 사교적인 | 56 > | 27 |
| 7. 인기 있는 | 35 > | 14 |
| 8. 신뢰도 | 84 < | 91 |

| | | | |
|---|---|:---:|---|
| 9. 영향력 있는 | 85 | > | 90 |
| 10. 인정 있는 | 36 | > | 21 |
| 11. 잘 생긴 | 74 | > | 35 |
| 12. 집요한 | 82 | < | 87 |
| 13. 심각한 | 97 | | 100 |
| 14. 차분한 | 64 | > | 9 |
| 15. 이타적인 | 6 | | 5 |
| 16. 창의적인 | 26 | > | 14 |
| 17. 강한 | 94 | > | 73 |
| 18. 정직한 | 80 | | 79 |

애시의 실험을 통해 우리는 같은 정보라도 접하는 순서에 따라서 정보에 대한 전체적인 판단이 달라진다는 것을 알 수 있습니다. 사람의 인상을 판단하는 가장 결정적인 요인이 바로 처음에 주어지는 정보라는 겁니다. 처음에 어떤 정보를 접하느냐에 따라 그 사람에 대한 인상이 달라집니다. 처음 보는 것이 기준점이 되는 거죠.

그래서 같은 말이지만,
"똑똑해. 그리고 지는 걸 싫어해"라고 말하면
'이런 사람은 뭐든 큰일을 할 사람이지'라고 생각합니다.

반면 순서를 바꿔서
"지는 걸 싫어해. 그리고 똑똑해"라고 말하면
'사기꾼 같아. 문제를 일으킬 사람이야'라고 생각하게 됩니다.


그럼 우리는 이런 정보를
우리의 비즈니스에 어떻게 활용할 수 있을까요?


여러분 회사의 고객들이 접하는
여러분에 대한 **최초**의 **정보**는 무엇입니까?


우리 회사의 물건, 우리 회사의 서비스를
고객들이 선택하게 하려면
**어떤 정보**를 **최초**로 **제공**할지를 고민해야 합니다.

"BMW가 좋은 이유
**10가지만** 말씀해주시겠습니까?"


"BMW가 좋은 이유
**1가지만** 대답해주시죠?"

# 9.
# 정보 집중 효과
### Focus Effect

## BMW가 좋은 10가지 이유

소비자에게 1개의 메시지를 던지는 것과 10개의 메시지를 던지는 것 중 어느 쪽이 더 효과적일까요? 이에 대해 연구한 학자가 있습니다. 이제부터 독일 하이델베르크 대학의 반케Wanke, 보너Bohner, 유르코비치Jurkowitsch의 정보 집중 효과Focus Effect 이론에 대해서 살펴보겠습니다.

"BMW가 좋은 이유 10가지만 말씀해주시겠습니까?"라는 질문을 받으면 평균적으로 3.21개를 제시합니다. 전 세계 어느 나라에 가서 "이 제품이 좋은 이유 10가지를 말해주세요"라고 물어도 그 대답이 4개를 넘는 경우는 거의 없습니다.

여러분은 어떠셨나요? 대개 평균 범위 안에서 대답했을 겁니다. 그런데 대답하면서 '어? 이 정도밖에 없나?'라는 생각이

들지는 않았나요? 억지로 10개를 채워보려고 하지만 쉽지 않습니다. 결국 "성능이 좋을 것 같아서"처럼 무의미한 대답을 하면서 '굳이 1억씩 주고 BMW를 사야 할까?' 하는 생각도 듭니다. 이 때문에 'BMW가 좋은 이유 10가지'를 요청하는 순간, 아무런 요청을 하지 않았을 때보다 구매의향이 낮아집니다.

*

## BMW가 좋은 1가지 이유

반면에 BMW가 좋은 이유 1가지를 물었을 때는 어떨까요? 각자 이유는 다르겠지만 금방 한 가지 장점을 떠올릴 수 있습니다. 그리고 그 순간 어떤 휴리스틱이 생겨날까요? '이래서 BMW는 좋은 차야!'라고 생각합니다. 따라서 구매의향도 아무런 요청을 하지 않았을 때보다 올라갑니다.

실제 실험에서 BMW의 장점 10가지를 물었을 때 구매의향 점수는 3.8점이었고, 1개를 물었을 때는 5.8점이었습니다. 구매의향에서 2점은 상당히 큰 차이입니다. 실제 판매 대수로는 수천 대 이상의 차이가 날 수도 있습니다.

자동차 수천 대의 판매량이 단지 소비자들의 머릿속에 있는 BMW에 대한 기억을 1가지만 끄집어넬지, 10가지를 끄집어넬지를 조절하는 것만으로도 바뀌는 것입니다. 차 가격을 깎은 것도 아니고, 새로운 기능을 홍보한 것도 아닌데 말입니다.

결국 회사의 제품이나 브랜드를 알릴 때 소비자들에게 무조건 많은 양의 정보를 주는 것이 능사는 아닙니다. 10가지를 접하게 되면 기억이 분산되고 집중되지 않아서 오히려 구매의향이 떨어집니다. 그래서 하나로 집중하는 것이 중요합니다. 카테고리 안에서 제일 먼저 여러분의 제품, 여러분의 회사가 떠올라야 합니다.

사람은 단서를 중심으로 생각하는 경향이 매우 강하다는 것을 몇 가지 연구를 통해 살펴보았습니다. 그러니까 특정한 정보에 얼마나 소비자들을 집중시키느냐가 중요합니다.

*

## 단점을 부각시키면?

그럼 지금까지와는 반대로 단점을 부각하면 어떤 결과가 나올까요? 장점과 마찬가지로 단점 10개를 생각하게 했을 때와 단점 1개를 생각하게 했을 때, 구매의향은 어떤 차이를 보일지를 알아보겠습니다.

애시의 연구 결과에 담긴 핵심 메시지는 '정보가 분산되면 정보처리를 잘 못하게 되고, 정보가 집중되면 정보처리를 하기 쉽다'는 것입니다. 그러니까 BMW가 나쁜 이유 1개를 제시하게 하면 단점이 확실하게 드러나게 됩니다. 반대로 10개를 제시하게 하면 장점과 마찬가지로 10개를 다 생각하지 못하게 됩니다. 결국 '나쁜 점이 별로 없네?'라는 생각이 들면서 오히려 BMW를 더 좋아하게 됩니다. 요컨대 나쁜 이유는 정보를 분산시키는 것이 유리하고, 좋은 이유는 정보를 집중시키는 것이 유리합니다.

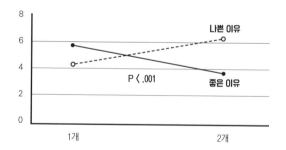

조건별 BMW 평가

## 벤츠의 구매의향 변화

회사나 제품에 대한 정보를 어떻게 제공하는지에 따라서 소비자의 구매의향이 달라지는 것을 확인했습니다. 그런데 더 재미있는 사실은, 우리가 어떤 선택을 하느냐에 따라서 경쟁 제품에 대한 구매의향에도 변화를 줄 수 있다는 것입니다.

BMW가 좋은 이유를 1개만 생각하게 했을 때, BMW에 대한 구매의향 점수는 5.8점입니다. 이때 벤츠에 대한 구매의향 점수는 5.1점으로 떨어집니다. 그러니까 BMW에 대한 긍정적인 이유를 하나로 집중시키면, BMW에 대한 선호도가 높아지는 것은 기본이고, 경쟁사에 대한 선호도를 낮추는 효과까지 나타나는 겁니다. 사람의 정보처리 패턴은 특정 제품군 내에서 선호율의 함수관계에 의해 움직입니다. 그래서 어느 한쪽의 선호도가 높아지면 경쟁 제품에 대한 신호도는 낮아지게 됩니다.

어떤 제품군에서
리더가 되기 위한 가장 확실한 방법은
그 제품군의 대표자가 되는 것입니다.


이때 필요한 것은
어떤 최초의 정보를 줄 것인가?
그 내용에 얼마나 집중시킬 것인가?

그리고

# 그 내용을 고객의 머릿속에
# 얼마나 각인시킬 것인가

입니다.

**왜**

자동차는 바퀴가 4개일까?

**왜**

스마트폰은 지금의 모습일까?

**왜**

선생님은 서 있고 학생은 앉아 있을까?

．

．

．

**궁금하지 않으신가요?**

# 10

# 시장 진입 전략

## Pioneering Advantage

이번에 살펴볼 논문은 「고객의 선호도 형성과 선도자의 이점Consumer Preference Formation and Pioneering Advantage」입니다. 선도자Pioneering란 시간 순서상 앞에 먼저 나온 제품이나 브랜드를 말합니다. 즉 이 논문은 시간 순서상 앞에 나온 것이 소비자들의 선호도에 어떤 영향을 미치는지에 대한 연구입니다.

\*

## 이상점Ideal Point의 변화

다음 그래프는 복잡해 보이지만 내용은 간단합니다. 속성 1과 속성 2 사이에 대각선으로 이상점이 생긴다는 말입니다. 예를 들어 제품의 품질이 중요한가, 가격이 중요한가를 생각하면, 당연히 품질도 좋고 가격도 싼 게 좋은 겁니다. 가격이 비싸고 품질이

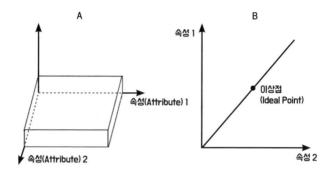

나쁜 제품을 좋아하는 사람은 없습니다. 그래서 속성 1이 가격이고, 속성 2가 품질이라고 할 때, 대각선을 따라서 이상점이 생기게 됩니다. 가격이 높으면 품질이 좋아지고, 가격이 낮으면 품질이 낮아지는 거죠.

그런데 이런 이상점이 단지 시간 순서에 의해 바뀔 수가 있습니다. 선도자가 나오면 대각선을 벗어난 곳에 이상점이 생긴다는 말입니다.

시장에 시간 순서상 우연히 K라는 브랜드가 먼저 나왔습니다. 새로운 상품인데 가격이 비싸고 품질은 조금 떨어집니다. 하지만 가장 먼저 나온 제품이기에 다른 대안이 없습니다. 그러면

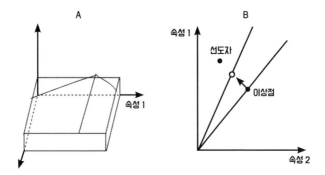

이상점은 K로 옮겨가게 됩니다.

지금 우리는 자동차 바퀴는 4개가 가장 이상적이라고 생각합니다. 왜 그런가요? 처음 나온 자동차가 바퀴를 4개 달고 나왔기 때문입니다. 자동차의 바퀴는 4개가 이상적이라고 생각하게된 겁니다.

스마트폰이 왜 지금과 같은 직사각형 모양이 되었나요? 스티브 잡스가 그렇게 만들었기 때문입니다. 새로운 종류의 제품이 나오면 그 즉시 그 제품이 이상점이 되는 겁니다.

## 선도자의 이점

그런데 K가 성공을 거두니까 J라는 브랜드가 새로 나왔습니다. 그러면 어떤 상황이 벌어지는지를 보겠습니다. 질문을 하나 하겠습니다.

K와 J 중 어떤 브랜드가 더 우수할 것 같습니까?

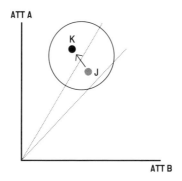

K나 J에 대해서 아무런 설명을 하지 않았지만 많은 사람들이 K가 더 우수하다고 생각할 겁니다. 어떤 것이 좋은지 정확히는 모

르더라도 '아마 K가 더 좋지 않을까' 하고 추측하게 되는 겁니다.

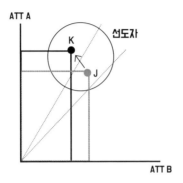

그런데 K와 J의 시장 면적을 그려보면 그다지 차이가 없습니다. 유일한 차이는 K와 J의 출시 순서입니다. 시간 순서상 K가 선도자가 되는 겁니다. 그리고 K가 이상점이 됨에 따라 결국 이 제품군의 기준점은 K가 되고, J가 쫓아가는 형태가 됩니다.

J가 가지고 있는 브랜드 선호도와 속성을 K가 가져가버립니다. 그래서 J가 또 다른 속성의 제품군을 내놓아도 K가 J의 에너지를 빼앗아가는 효과가 나타납니다. 이런 현상을 선도자 효과 Pioneering Effect라고 합니다.

## 겔포스와 잔탁

제가 광고회사에 다닐 때 경험했던 사례를 통해 선도자 효과를 다시 한 번 설명하겠습니다. 위장 장애 치료제 중에 '겔포스'라는 제품이 있습니다. 출시된 지 오래되었지만 여전히 유명한 약이죠.

그런데 글락소웰컴Glaxo Wellcome이라는 제약회사에서 만든 잔탁이라는 위장 장애 치료제가 국내에 들어왔습니다. 사실 한국에서는 겔포스가 더 유명하고 1위 브랜드지만, 잔탁은 한국에 들어오던 때나 지금이나 항상 세계 1위의 브랜드입니다.

당시 제 옆 팀에서 잔탁 광고를 담당했는데, 잔탁이라는 브랜드를 알리기 위해서 1994년 당시에 30억 원의 광고비를 썼습니다. "척하면 탁인데 왜 잔탁을 모르시나"라는 카피로 3개월 동안 광고를 하고 그 효과를 조사했습니다. 어떤 결과가 나왔을까요?

두 번째로 높은 응답이 "척하면 탁인데 왜 겔포스를 모르시나"였습니다. 32%가 이렇게 기억을 했습니다. 잔탁에서 광고를 해서 겔포스를 팔아준 꼴이 된 겁니다. 여기서 겔포스가 K이고 잔탁이 J입니다. J를 열심히 광고했지만, 사람들은 K를 선택했습니다. 사람들은 체계적으로 생각하지 않습니다. 그래서 이런 일이 벌어지는 겁니다.

이와 유사한 일이 최근에도 벌어졌습니다. 배달의 민족 마케팅 팀에서는 이미 대학생들 사이에서는 배달의 민족을 모르는 사람이 없다고 장담했습니다. 그래서 확인을 했습니다. 마케팅 팀에서 20개 대학교에 나가서 리서치를 하고 돌아왔는데, 다들 표정이 좋지 않았습니다. 배달의 민족 광고를 보고 '요기요가 좋아졌네?'라고 생각하는 학생들이 많았기 때문입니다. 순서상으로 배달의 민족을 먼저 본 학생도 있고, 요기요를 먼저 본 학생도 있을 겁니다. 결국 먼저 본 것을 중심으로 생각하게 되는 겁니다.

세상은 우리가 생각하는 것과 전혀 다른 상태에 있는 경우가 많습니다. 새로운 커피머신을 출시했는데, 광고를 많이 해야 소비자들에게 잘 알려질 거라고 생각하십니까? 하지만 그 광고를 보고 먼저 나온 경쟁사의 제품을 기억할 수도 있는 게 사람입니다. 그래서 후발주자들은 이 선도자 효과를 막는 것이 아주 중요합니다. 세상에서 제일 안타까운 브랜드가 J입니다.

*

## J가 되실 건가요?

하지만 모든 브랜드가 K가 될 수는 없습니다. 모든 회사에서 매번 기존에 없던 제품과 서비스만을 내놓을 수도 없는 일입니다. 누구라도 선도자가 될 수 있고, 후발주자가 될 수도 있습니다. 그런데 J가 되기를 원하는 사람은 없을 겁니다. J가 되지 않는 방법이 있습니다.

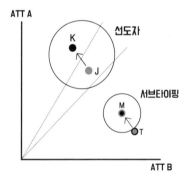

K와 J가 있는 시장에 M이라는 브랜드가 나옵니다. K와는 완전히 다른 위치를 잡은 브랜드입니다. M의 이상점은 K와 J의 시장과 반대의 영역에 있습니다. 이렇게 되면 M은 또 다른 시장

을 만들게 되는 겁니다. 그리고 다시 시간이 흘러 M의 영역에 T 라는 브랜드도 나옵니다. 이렇게 되면 시장은 2개로 나뉘는데, 이 분리된 시장에서는 M이 선도자가 되는 겁니다.

전체가 비어 있는 시장에 제일 먼저 들어가는 것을 우리는 선도자Pioneering라고 합니다. 그리고 선도자가 있는 시장을 잘라내어 또 다른 시장을 만들어내는 것을 시장 이원화Subtyping라고 합니다. subtype의 사전적 의미는 '아류'입니다. Subtyping은 '떼어낸다'는 의미도 있는데, 여기에서는 시장 이원화라고 할 수 있습니다. 단순 아류가 아니라 기존의 시장을 나눈다는 의미입니다.

비어 있는 시장에 어떤 브랜드가 가장 먼저 들어가면 그 즉시 이상점의 역할을 합니다. 그리고 뒤에 나온 브랜드가 유사성이 높으면 하나의 제품군으로 묶이는 효과가 생깁니다. 그러면 소비자의 선호도와 선택은 먼저 진입한 브랜드가 30~40%를 차지하게 되어 있습니다. 이렇게 제품군을 차지하면 한동안 그 영역에서 선도자를 쫓아올 수가 없게 됩니다.

그래서 우리는 제품군에서 선도자가 되는 것이 좋습니다.

시장에서 이기는 방법은

비어 있는 시장을 찾아서
제일 먼저 들어가는
선도자Pioneer가 되거나,

기존의 시장을 이원화하여
그 시장의 선도자가 되는
서브타이퍼Subtyper가
되는 것입니다.

페브리즈는 페브리즈
스카치테이프는 스카치테이프
바셀린은 바셀린
대일밴드는 대일밴드

# 11.
# 시장 선도 전략
### Pioneering vs. Subtyping

## 페브리즈의 제품군은 페브리즈입니다

1997년에 페브리즈가 출시되고 처음 2년 동안은 제품에 대한 반응이 신통치 않았습니다. 그래서 페브리즈를 어떤 제품군으로 팔아야 할지 고민했습니다. 세탁세제로 갈 수도 있고, 에어클리너로 갈 수도 있습니다. 방향제라고 할 수도 있고, 탈취제라고 할 수도 있습니다. 여러 제품군이 있는데 팔로워Follower가 되지 않고 페브리즈라는 새로운 제품군을 만들기로 결론을 내렸습니다. 그냥 페브리즈라는 브랜드로 밀고 나가기로 한 거죠. 물론 이런 결정이 가능했던 것은 P&G이기 때문입니다. 자본도 있고 마케팅도 뒷받침이 되는 큰 회사이기에 그런 결정과 실행이 가능했습니다.

그렇게 페브리즈라는 새로운 제품군을 만들기로 했습니다. 그리고 2002년경이 되었습니다. 전 세계 소비자들의 머릿속에 페브리즈라고 하는 새로운 제품군이 생겨버렸습니다. 제품군 전체를 페브리즈라는 브랜드가 점령해버린 겁니다. 이제 사람들은 이 제품을 살 것인지 말 것인지를 결정하기만 하면 됩니다. 만약 빵이 먹고 싶으면 여러 가지 대안이 있습니다. 하지만 페브리즈라는 카테고리에는 다른 대안이 없습니다. 나에게 필요한지 필요 없는지만 남는 겁니다.

이처럼 하나의 브랜드나 제품이 제품군 전체를 대표하는 효과를 제품군 대표Category Representative가 된다고 합니다. 특히 휴리스틱에서는 앵커링Anchoring(닻을 내림)이라는 말을 쓰기도 합니다. 제품군의 닻이 되는 겁니다.

이 밖에도 브랜드명이 곧 제품군 자체가 되어버린 경우는 꽤 많습니다. 스카치테이프는 어떤 제품군에 속하나요? 그냥 스카치테이프입니다. 무언가를 붙이는 데 필요한 테이프를 우리는 브랜드와 상관없이 스카치테이프라고 부릅니다. 바셀린은 어떤가요? 브랜드명이지만 지금은 연고를 대표하는 일반명사처럼 쓰입니다. 상처에 붙이는 반창고를 찾을 때 우리는 어떻게 말합니까? "대일밴드 주세요"라고 합니다. 대일밴드 자체가 반창고가 되어버린 겁니다. 브랜드 자체가 카테고리가 되면 더 이상 무슨 마케팅이 필요하고, 어떤 전략이 필요하겠습니까? 모든 기업, 모든 브랜드, 모든 개인의 궁극적인 목표는 바로 제품군 대표가 되는 겁니다.

＊

## 제품군 대표의 효과

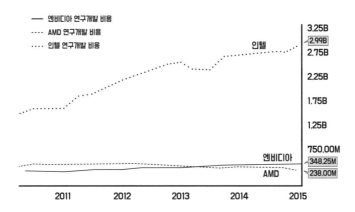

컴퓨터 CPU 시장을 대표하는 두 브랜드가 있습니다. 인텔과 AMD인데, 선도자는 인텔입니다. 두 브랜드 사이에 기능적 차이는 거의 없습니다. 하지만 시장점유율은 갈수록 격차가 벌어집니다. 위의 그래프는 두 브랜드 간의 투자비용 격차를 나타내고 있습니다. 투자비용의 차이가 점점 더 벌어지고 있습니다. 시장 점유율이 높아지면서 생기는 이익으로 투자비용을 더욱 늘릴 경우 시간이 지나면 선도자는 훨씬 더 강력해질 수밖에 없습니다. 선순환이 시작되는 거죠.

B2B 시장에서는 어떨까요? 세스코는 우리나라 해충 방역 시장에서 독보적인 1위 업체입니다. 시장의 90% 이상을 점유하고 있습니다. 그런데 세스코가 다른 업체들보다 독보적으로 방역을 잘하는지는 사실 알 수 없습니다. 다만 다른 업체들을 압도하고 있는 것은 사실입니다. 결국 B2B 시장도 B2C 시장과 성향은 다르지 않습니다. 특히 최근에는 B2B 브랜드들이 휴리스틱 브랜드를 만들기 위해 더 많은 노력을 하고 있습니다.

대부분 B2B 기업은 브랜딩이 필요 없다고 생각합니다. 하지만 그렇지 않습니다. 캐터필러라는 중장비 제조회사가 있습니다. 일반 소비자들이 중장비를 살 일이 있습니까? 그런데 지금 캐터필러는 브랜딩을 하고 있습니다. 캐터필러 로고를 이용한 티셔츠, 신발, 모자 등을 만듭니다.

디스커버리는 디스커버리 채널을 운영하는 방송국입니다. 그런데 디스커버리 익스페디션Discovery Expedition이란 의류 브랜드를 만들어서 대박을 쳤습니다. 결국 B2B도 B2C와 비슷하게 선도자가 갖는 휴리스틱이 더 많은 효과를 가져간다는 겁니다. B2B든 B2C든, 사람이든 기계든 대상을 보는 소비자들의 생각 자체가 그렇다는 겁니다.

*

## 블랙 스완

그런데 누구나 제품군을 대표하는 브랜드를 만들 수는 없습니다. 이미 여러분의 회사보다 앞선 브랜드가 있을 수 있습니다. 그럴 때는 후발주자가 되는 것이 아니라 서브타이퍼가 되어야 합니다. 그럼 도대체 서브타이퍼는 무엇인지 더 자세히 보겠습니다.

블랙 스완Black Swan이란 말을 들어본 적이 있나요? 백조인데 검은색입니다. 블랙 스완이 발견되면서 갑자기 난처해진 게 그냥 백조입니다. 그전에는 백조라고 하면 당연히 흰색이었습니다. 그런데 블랙 스완이 발견되면서 화이트 스완이 되어버린 겁니다. 스완의 한 종류가 된 거죠.

훌륭한 포지셔닝Positioning이란 "내가 이겁니다"라고 할 수 있는 것도 중요하지만 더 중요한 것이 있습니다. "내가 이겁니다"라고 하는 순간 기존에 있던 것을 밀어내야 합니다. "나는 블랙 스완이에요"라고 하는 순간 멀쩡히 있던 스완이 '화이트 스완'으로 밀려났듯이 말입니다.

블랙 스완과 화이트 스완 같은 일이 마케팅의 영역에서도 얼마든지 일어날 수 있습니다. 초창기 하이트맥주가 내세웠던 카피가 있습니다. "세상에는 두 가지 맥주가 있습니다. 지하 150미터 천연 암반수로 만든 깨끗한 맥주, 하이트." 순간 어떤 일이 벌어지나요? 하이트가 깨끗한 맥주라고 나오니까 기존의 맥주는 더러운 맥주가 되어버린 겁니다. 그래서 기존의 맥주들이 하이트에 밀려나게 된 겁니다.

삼보 체인지 컴퓨터를 기억하십니까? "세상에는 두 가지 컴퓨터가 있습니다. 안 바꿔주는 컴퓨터와 바꿔주는 컴퓨터." 컴퓨터는 나날이 발전합니다. 최신형 컴퓨터를 산 지 얼마 지나지 않아서 구형이 됩니다. 그래서 삼보는 주요 부품을 최신으로 교체해주는 시스템을 내세웠습니다. 그리고 이 시스템으로 삼성과 붙어서 이긴 몇 안 되는 사례가 됐습니다.

서브타이퍼가 되려면 우선 기존의 시장을 잘라내야 합니다. 시장을 대표하던 기존의 브랜드를 한쪽으로 밀어버리는 겁니다. 버드와이저는 미국에서 가장 많이 팔리는 맥주였습니다. 그런데 밀러 라이트가 나오면서 맥주 시장에서 라이트 맥주 시장을 잘라냈습니다. 그러니까 버드와이저는 한순간에 칼로리가 높은 무거운 맥주가 된 겁니다.

비어 있는 시장이라면 선도자가 되어야 하고,
그게 아니라면 서브타이퍼가 되어야 합니다.
그런데 현실적으로 지금 비어 있는 시장이 존재할까요?

없습니다.

그래서 현실적인 대안은 기존의 시장을 잘라내어
서브타이퍼가 되는 것입니다.
서브타이핑은 조금 더 공격적인 포지셔닝입니다.

상대방을 밀어내서
나의 자리를 만드는 것이 바로
성공하는 서브타이핑입니다.

## 캐터필러 vs 고마츠

성공한 서브타이핑의 사례를 보겠습니다. 중장비 시장에 먼저 뛰어든 것은 캐터필러였고, 그 후 중장비 시장을 대표하는 기업이 되었습니다. 그리고 그 후발주자가 일본 기업 고마츠입니다. 고마츠는 어떻게 중장비 시장을 분할하여 자리를 잡았을까요?

캐터필러는 주로 대형 기계를 만들었습니다. 그래서 고마츠는 시장을 나누고 작은 사이즈의 중장비를 만든 겁니다. 캐터필러는 대형 중장비, 고마츠는 소형 중장비라는 시장을 만든 거죠. 그런데 대형 중장비와 소형 중장비 중에서 어느 게 더 수요가 많을까요? 전 세계에 작은 중장비가 필요한 곳은 넘쳐납니다. 런던, 파리, 도쿄의 골목이 좁은 지역들은 소형 중장비의 천국입니다.

지금 여러분은 어느 시장을 잘라낼 계획인가요? 잘라낸 시장에서 대표 브랜드가 되기 위한 준비는 어떻게 하실 겁니까? 그리고 이것을 어떻게 고객에게 인상적으로 기억하게 할 건가요?

무엇을 잘라내지?
어떻게 대표가 되지?

무엇으로 기억하게 하지?

브랜드를 만들 때 반드시 기억해야 할 3가지입니다.

경쟁 전략을 단 하나의 메시지로 정리한다면,
## '서브타이핑을 의도적으로 하라'
입니다.

*

## 파리의 심판

싸움 좀 한다는 학생이 전학을 갔습니다. 이 학생은 새로운 학교에서 가장 싸움을 잘하는 친구에게 결투를 신청합니다. 그리고 결투를 벌여서 한 대 얻어맞으면 바로 쓰러져버립니다. 그러면 이 학생은 새로운 학교에서 싸움으로 2등이 됩니다.

이와 비슷한 일이 '파리의 심판Judgment of Paris'으로 유명한 나파밸리의 와인 사례입니다. 한 대 맞고 쓰러지더라도 1등과 맞붙겠다는 전략입니다. 나파밸리는 미국 샌프란시스코 북쪽에 위치한 와인 산지입니다. 나파밸리의 와인 업자들이 자신들의 와인을 알리기 위해 고민을 했습니다. 그리고 프랑스의 와인과 블라인드 테스트를 하기로 결정했습니다. 지더라도 1등과 붙어서 지겠다고 결정을 한 겁니다.

1976년에 나파밸리의 와인과 프랑스의 유명 와인이 블라인드 테스트를 실시했습니다. 프랑스에서는 유명하지 않은 소믈리에와 와인 전문 잡지사가 참가했습니다. 나파밸리에서는 좋은 와인을 고르고 골랐을 것이고, 프랑스는 당연히 자신들이 이길 것이라고 생각해서 안이하게 준비했을 겁니다. 결과는 어땠을까요? 모두의 예상을 뒤엎고 레드와인과 화이트와인 모두 나파밸리의 와인이 우승을 차지했습니다. 프랑스 와인과 붙어서 진다고 하더라도 손해 볼 게 없다고 생각했는데 덜컥 이겨버린 겁니다.

이 결과에 자극을 받은 프랑스는 10년 뒤에 두 번째 블라인드 테스트를 요청합니다. 이때는 프랑스와인협회에서 초청한 세계적인 소믈리에들이 대거 참여했습니다. 결과는 이번에도 나파밸리 와인이 1등과 2등을 차지했습니다. 그리고 2006년에 세 번째 블라인드 테스트를 했는데, 이때는 나파밸리 와인이 1등부터 5등까지 차지했습니다. 결과적으로 미국 나파밸리의 와인이 전세계 와인 시장에서 최고 수준으로 인정받는 계기가 된 겁니다.

'파리의 심판'에서 우리가 주목할 것은 나파밸리 와인이 1등을 했다는 사실이 아닙니다. 1등과 경쟁했을 때 생기는 결과에 주목해야 합니다. 사람은 카테고리를 중심으로 생각합니다. 카테고리는 기본적으로 두 가지로 분류됩니다. 우리는 세상을 대부분 두 가지로 나눕니다. 남자와 여자, 위와 아래, 나와 너, 좋은 것과 싫은 것, 우리 편과 남의 편, 남쪽과 북쪽, 동쪽과 서쪽, 오른발과 왼발 등등. 우리가 받아들이는 정보의 대부분은 두 가지 분류입니다.

그래서 어느 시장에서든 1등과 2등이 전체 시장의 70%를 차지합니다. 20개 브랜드가 경쟁한다면 1등과 2등이 70%를 차지하고, 그 나머지가 30%를 나눠 가집니다. 그래서 서브타이퍼가 되어야 합니다. 30%를 나눠 먹기 위해 치열하게 경쟁하는 것은 힘든 일입니다. 선도자가 40%를 차지하고, 서브타이퍼가 30%를 차지합니다.

\*

## 성공하는 브랜드의 조건

사람들은 정확한 정보를 주어도 합리적이고 체계적인 판단을 하지 않습니다.

한두 가지 특징적인 정보에 반응합니다.
그중에서도 제일 처음 주어지는 정보가 중요합니다.
그 정보는 진단적이어야 하고
분산되지 않고 집중되어 전달되어야 합니다.
시간 순서상 선도자가 되어야 하고,
만약 선도자가 되지 못했다면 카테고리를 이원화해야 합니다.
선도자든 서브타이퍼든
어쨌든 제품군의 대표가 되어야 합니다.

이것이 바로 성공하는 브랜드의 조건입니다.

이것을 만들지 못하면 아무리 애를 써도 힘겨운 싸움이 될
수밖에 없습니다.
반대로 성공하는 브랜드의 조건을 만들어냈다면 애쓰지 않
고도 성취를 거둘 수 있습니다.

"미국식 드럼세탁기 트롬"

"트롬은 LG에서 나온
고급 세탁기입니다."

.

.

.

**소비자들의 반응이
궁금하지 않으세요?**

# 12.
# 기억의 메커니즘
## Storage Bin Model

사람은 최초의 정보에 반응을 합니다. 같은 정보일지라도 처음 주어지는 정보가 무엇인지에 따라 다른 결정을 한다는 것을 솔로몬 애시의 연구가 보여주었습니다. 그러면 사람이 최초의 정보에 반응하는 이유가 무엇일까요? 이에 대한 해답이 될 만한 연구가 바로 인지심리학자인 와이어와 운페어작트Wyer and Unverzagt의 기억 저장 모델Storage Bin Model 입니다.

이 연구는 간단하게 말해서 사람의 기억구조에는 대상을 인지적으로 바라보는 영역과 감정적으로 바라보는 영역이 있다는 겁니다. 그런데 우리가 실제로 어떤 대상을 받아들일 때는 무엇이 먼저 보이겠습니까? 인지적인 부분이 먼저 들어옵니다.

＊

## 미국식 세탁기 트롬

엘지전자의 트롬 세탁기가 출시되었을 때 광고 카피는 "미국식 드럼세탁기 트롬"이었습니다. 미국식 드럼세탁기. 이게 트롬이 고객에게 주는 최초의 정보입니다. 당시 주부들에게 미국식 드럼세탁기는 좋은 이미지일까요, 나쁜 이미지일까요? 좋은 이미지였습니다. 그래서 최초의 정보가 들어오는 순간 감정이 결정되는 겁니다. '좋은 세탁기구나!'

더 흥미로운 사실은 최초의 정보가 들어와서 마음속에서 어떤 결정이 이루어지면, 이후의 정보는 최초의 정보에 의해 인지적인 부분, 감정적인 부분이 모두 통합된다는 것입니다. "트롬은 미국식 드럼세탁기입니다. 그래서 기존 세탁기보다 3배 비쌉니다." 3배 더 비싼 세탁기는 좋은가요, 나쁜가요? 같은 세탁기인데 3배 더 비싸다는 건 그만큼 손해가 크다는 말입니다. 당연히 나쁜 점입니다. 그런데 이미 미국식 드럼세탁기는 좋은 것이라고 결정한 사람들에게는 3배나 비싼 가격도 단점이 되지 않습니다. 미국식 드럼세탁기니까 3배 비싼 건 당연한 것으로 받아들여집니다.

거기에 더해서 3배나 더 지불하고도 배송까지 2주를 기다려야 한다고 하면, 이것 역시 단점입니다. 하지만 미국식 드럼세탁기는 좋은 거니까 비싼 것도 당연하고, 기다리는 것도 당연하다고 생각합니다.

이렇게 '미국식 드럼세탁기'를 내세워서 마케팅을 진행하고, 마지막에 "사실은 엘지전자에서 만들었어요"라고 말하면 소비자들은 어떤 생각을 하게 될까요? '엘지에서 이런 걸 만들었구나. 하지만 트롬은 좋아'라고 생각하게 됩니다.

\*

## 엘지에서 나온 고급 세탁기 트롬

순서를 바꾸면 어떻게 될까요?

"트롬은 엘지에서 나온 고급 세탁기입니다."
— '그럴듯해.'

"3배 비쌉니다."
— '뭐라고? 제정신이 아니네!'

"2주를 기다리셔야 합니다."

— '망하려고 작정을 했나.'


같은 제품이지만 최초 정보에 의해 반응이 180도로 바뀌게 되는 겁니다.


*


## 기억 저장 모델

와이어와 운페어작트의 기억 저장 모델Storage Bin Model의 결과에는 몇 가지 교훈이 있습니다.

1. 기억의 가장 작은 단위를 '빈Bin'이라고 부른다.
2. '빈'은 인지적인 내용과 감정적인 내용으로 구성된다.
3. 처음에는 인지적인 내용부터 시작한다.
4. 인지적인 내용을 결정하는 순간 감정적인 내용도 바로 결정된다. 처음 정보에 의해서 이후의 정보는 대개 통합된다.


즉 사람은 한번 결정되면 그 감정을 유지하려고 노력합니다. 결정된 것과 전혀 다른 정보가 들어오면, 다른 정보는 기존에 결정된 정보와 따로 떼어놓고 생각합니다. 서브타입Subtype이란 말이 이 연구에서 출발했습니다. 감정을 결정하고 나서 이상한 정보를 접하게 되면 기존의 감정과 분리해서 생각한다는 거죠.

어떤 사람이 평소 성실하게 살다가 술을 마시고 한 번 실수를 했습니다. 그럼 우리는 어떤 생각이 듭니까? 술을 마셨기 때문이라고 생각합니다. 그 사람의 평소 모습과 술을 마시고 실수를 저지른 모습을 분리해서 생각합니다. 그가 성실한 사람이라는 기존의 감정과 정서를 그대로 유지하려는 생각이 강하기 때문입니다. 이것이 기억 저장 모델, 사람의 기억구조입니다. 그리고 이러한 성향 때문에 우리에게는 최초의 정보가 중요해지는 것입니다.

최초가 되거나,
전혀 다르거나,
압도하거나!

# 13.
# 시장을 압도하는 방법
Late Mover Advantage

|

1989년에 「선도 우위Pioneering Advantage」를 쓴 사람이 1998년
에는 「후발주자의 이점Late Mover Advantage」이라는 논문을 발표
했습니다. 10년 전에는 먼저 진입하는 것이 유리하다고 했다가,
10년 후에는 나중에 진입하는 후발주자의 이점에 대해 이야기하
고 있습니다. 과연 무엇이 맞을까요?

\*

## 선도자를 없애라

입장을 바꾼 것이 아니라 선도자가 유리한 경우가 있고, 어떤 경
우에는 후발주자가 유리할 수 있다는 이야기입니다. 둘 사이에
는 조절변인이 있는데, 이 조건을 알면 선도자 전략을 써야 하는
상황과 후발주자 전략을 써야 하는 상황을 구별할 수 있게 됩니

다. 그 조건을 보겠습니다.

먼저 이 논문의 목적은 많이 파는 것입니다. 선도자보다 더 많이 파는 것이 목적입니다. 서브타입은 1등의 영역을 두고 나머지에서 자신의 영역을 만드는 것이 목적입니다. 시장을 나눠 먹는 개념입니다. 그런데 아웃셀Outsell은 1등이 만들어놓은 시장까지 넘보고, 결국 1등보다 더 많이 팔겠다는 겁니다. 과격하게 표현하면 선도자를 시장에서 없애버리는 것이 목적입니다.

이 연구에서는 후발주자가 선도자를 앞설 수 있는 방법으로 크게 4가지를 제시합니다.

1. **마케팅 믹스**Marketing Mix**의 압도적인 우위**
2. **네트워크 효과**Network Effect**를 가질 때**
3. **시장 이원화**Subtyping
4. **혁신**Innovation

*

## 마케팅 믹스의 우위

선도자를 앞설 수 있는 첫 번째 방법은 마케팅 믹스에서 압도적 우위를 점하는 것입니다. 마케팅 믹스는 마케팅 효과가 최대한 나타나도록 전략적으로 마케팅 요소들을 배합하는 것입니다. 이 마케팅 믹스가 선도자를 압도할 때, 전세를 뒤집을 수 있습니다. 1990년 이전까지는 미국의 인스턴트커피 시장에서 네슬레가 맥심에게 한참 뒤처졌습니다. 네슬레가 어떤 노력을 해도 맥심을 이기지 못했습니다. 그러자 네슬레는 '더블 전략'을 꺼내들었습니다. 광고비, 유통 마진, 유통 지역 등 모든 부문에서 맥심보다 2배 더 투자를 했습니다.

더블 전략의 결과 1년 만에 시장 반응이 나타나기 시작했습니다. 사람들은 여전히 맥심이 인스턴트커피의 선도자라는 사실을 알고 있지만, 네슬레에 대한 정보를 워낙 많이 접하다 보니 '네슬레가 좋은 거구나' 하는 마음이 생긴 겁니다. 결국 인스턴트커피에 대한 사람들의 정보처리 주력 브랜드가 네슬레로 바뀌게 됩니다. 마케팅 믹스에서 압도적인 우위를 차지하면 소비자의 선택이 바뀔 수 있습니다.

PC(퍼스널 컴퓨터) 시장에서 선도자 지우기는 더욱 치열했습니다. PC를 제일 처음 만든 사람은 스티브 잡스입니다. 물론 이전에도 PC는 존재했지만 본격적으로 PC라고 불릴 만한 것은 잡스가 만든 애플 1, 애플 2가 최초입니다. 그런데 IBM의 PC가 나오면서 애플을 이겼습니다. 빌 게이츠가 우리 돈으로 약 8000만 원을 가지고 프로그램 개발자들에게 DOS라는 프로그램을 개발하게 했고, 그 프로그램을 IBM에 팔았습니다. 이때 빌 게이츠는 일정 금액을 받는 계약 대신, 카피 하나당 사용료를 받는 계약을 체결했습니다. DOS를 오픈코드로 만들면서 전 세계의 개발자들이 IBM으로 몰렸고, 불과 1년 사이에 IBM이 애플을 눌렀습니다.

하지만 IBM도 1985년에 컴팩에게 밀렸습니다. 컴팩의 메인 모델의 가격은 IBM의 메인 모델 가격의 70%였습니다. 가격이 낮아지자 소비자들은 컴팩을 선택했습니다. 가격을 낮추자 수요자가 더 많아졌고, 수요자가 늘자 컴퓨터 판매 매장들이 성장했습니다. 그리고 이들 매장은 전략적으로 컴팩 판매를 우선시했습니다.

그리고 1987년 델이 나오자 IBM은 완전히 시장을 포기하게 됩니다. 델의 메인 모델 가격은 컴팩의 70%였습니다. IBM보다 50%가 저렴합니다. 결국 IBM은 더 이상 버티지 못했습니다. 그 후 IBM은 하드웨어 사업을 접고 소프트웨어, 솔루션 회사로 바뀌게 되었습니다. 스티브 잡스가 PC 애플 1을 출시한 지 10년 만의 일입니다.

PC 시장은 가격을 낮추는 전략Under-cut price으로 먼저 들어온 사업자를 시장에서 몰아냈습니다. 저가 전략 외에도 광고비를 늘리는 전략Over Advertising이 있는데, 이건 정보처리 빈도를 늘리는 전략입니다. 광고를 통해서 우리 제품을 더 많이 생각하도록 유도하는 것입니다. 네슬레가 그런 경우입니다. 또 유통사에 더 많은 마진을 주는 전략Over Distribution이 있습니다. 이런 다양한 전략들을 유기적으로 통합하는 것이 마케팅 믹스입니다. 이 구도에 들어가면 견뎌낼 수 있는 브랜드가 없습니다. 하지만 역으로 이 정도로 많은 비용을 쓸 수 있는 회사도 많지 않습니다. 그래서 마케팅 믹스에서 압도적 우위를 유지하는 전략은 쉽지 않습니다.

\*

## 네트워크 효과
선도자를 시장에서 밀어낼 수 있는 두 번째 방법은 네트워크 효과Network Effect를 점유하는 겁니다. 카테고리에 대한 수요를 모두 가져가는 것을 말합니다. 예를 들어 교육 카테고리라면 '저 회사는 교육에 대한 모든 솔루션을 갖고 있어'라는 인식을 주는 것이 바로 네트워크 효과입니다. 카테고리의 한 영역을 잘라내고 그 영역의 서비스를 전체적으로 만들어내는 것이 바로 네트워킹입니다.

이 네트워크에 속하지 않는 것만으로도 상실감을 느끼게 하는 것, 지금 메가 브랜드들이 지향하는 궁극적인 방향입니다. 소니가 그랬고, 삼성, 애플, 샤오미가 모두 네트워크 효과를 추구합니다. 샤오미 제품으로 사무실, 집 등 일상생활의 모든 부분을 대체하는 것, 애플 제품으로 모든 생활을 제어하는 것, 소니의 칩 하나로 모든 전자장비를 만드는 것, 이것이 바로 네트워크 효과입니다.

*

## 자일리톨의 혁신

선도자를 시장에서 지울 수 있는 세 번째와 네 번째 방법은 서브 타이핑과 혁신입니다. 이 두 가지는 따로 볼 것이 아닙니다. 혁신이란 곧 극한으로 진행된 서브타이핑입니다. 서브타이핑을 통해서 압도적인 느낌을 주는 것이 바로 혁신입니다. 혁신으로 선도자를 꺾은 대표적인 예로 자일리톨 껌을 들 수 있습니다.

1990년대에는 껌 시장에서 '덴티'로 시작하는 이름의 껌이 유행했습니다. 덴티큐, 덴티스트 등등 '덴티'라는 접두어를 사용해서 치과의사들이 씹는 껌이라는 인식을 심어주었습니다. 치과의사가 추천하거나 치과의사가 씹는 껌이라고 하면 왠지 신뢰하게 됩니다. 이 상황에서 1997년에 자일리톨 껌이 출시됐는데, 수십억의 개발비를 들였지만 처음에는 시장에서 주목을 받지 못했습니다. 그로부터 2년 뒤에 지금 우리에게 익숙한 약병 모양의 통에 담긴 자일리톨 껌이 새로 출시됐습니다.

새로 나온 자일리톨의 핵심은 껌이 아니고 약입니다. 자기 전에 씹는 껌이라고 광고를 했습니다. 약병에 담겨 나온 최초의 껌 그래서 사람들은 자일리톨 껌을 약의 개념으로 생각했습니다. 2년 전에 출시했던 자일리톨 껌이나 약병에 담긴 자일리톨 껌이나 거의 유사한 상품이지만, 약병에 담긴 자일리톨 껌을 보고 기발하다고 생각한 겁니다. 그리고 당연히 소비자가 몰렸고 2001년도 매출액이 1970억 원에 달했습니다.

약병에 담긴 껌, 이게 바로 혁신입니다. 사람들이 생각할 때 '이건 정말 압도적인 서브타이핑이야'라고 생각하면, 혁신이라고 인식합니다. 그리고 혁신이 이루어지면 서브타이핑의 단계를 넘어서서 선도자가 만들어놓은 기존의 시장까지 집어삼키게 됩니다.

타이레놀이 자리 잡은 과정에도 혁신이 있었습니다. 당시에 아스피린을 복용하고 1년에 몇 명씩 사망자가 나온다는 기사가 대서특필됐습니다. 이때 타이레놀이 'Risk Free From Heart'라는 광고를 시작했습니다. 심장 문제로부터 자유롭다는 뜻입니다. 약의 작용 과정을 보면 아스피린은 심혈관계에 작용하는 약이고, 타이레놀은 간에 작용을 합니다. 그래서 아스피린은 심장에 문제를 일으킬 수 있지만, 타이레놀은 그럴 가능성이 없다는 걸 부각한 겁니다. 이후 타이레놀은 지배적인 브랜드가 되었습니다. 이처럼 혁신Innovation은 기술적인 키워드이면서, 심리적인 키워드이기도 합니다.

## 혁신의 결과

한 브랜드가 소비자에게 혁신적인 이미지를 주는 데 성공하면, 적어도 6개 분야에서 선도 브랜드를 이기게 됩니다.

1. 브랜드 성장률
2. 경쟁 제품의 확산에 미치는 영향력
3. 시장 잠재성
4. 마케팅 비용 투자에 대한 효율성
5. 재구매율
6. 경쟁 제품의 마케팅 비용 투자에 대한 효율성에 미치는 영향력

혁신적인 후발주자가 나타나면 선도 브랜드의 성장률을 한 번에 뛰어넘어버립니다. 동대문시장이 가방 시장을 만들어놓았는데, 거기에 명품 가방이 들어오면 동대문시장이 만든 시장을 순식간에 앞질러버리는 겁니다. 당연히 동대문시장표 가방은 팔리지 않을 것이고, 성장 잠재성도 모두 명품 가방이 가져가게 되는 겁니다.

## 혁신적 후발주자

선도자의 이점이 성립하려면, 후발주자가 혁신적이지 못해야 합니다. 혁신적이지 못한 후발주자는 그저 팔로워일 뿐입니다. 그러면 선도자는 계속해서 선도자의 이점을 유지하게 됩니다.

그런데 후발주자가 혁신적이라면, 이때는 후발주자에게 이익이 생기게 됩니다. 사람은 기본적으로 먼저 나온 제품에 더 주목하는 경향이 있습니다. 하지만 뒤에 나온 제품이 먼저 나온 제품을 압도할 만한 장점이 있다면, 소비자들은 뒤에 나온 제품으로 몰려갑니다.

후발주자의 이점 전략을 쓰는 대표적인 기업이 네이버입니다. 라인은 먼저 시장에 제품을 내놓지 않습니다. 카카오톡을 보고 있다가 문제점을 개선해서 더 큰 시장을 향하는 것이 네이버의 전략입니다.

여러분,

# 최초가 되거나,
# 전혀 다르거나,
# 압도하십시오.

경쟁에서 승리하려면
이 3가지 중에 최소한 하나를 꼭 충족해야 합니다.

아이가 수업은
열심히 듣는 것 같은데
성적이 오르지 않는다고요?

.
.
.

**그럼 그 아이는
정말 열심히 듣기만 하는 겁니다.**

# 14.
# 경험 지식을 높이는 방법
## Self Generated Knowledge

수업시간에 눈이 반짝반짝하면서 열정적으로 수업을 듣는 학생이 있습니다. 고개 한 번 움직이지 않고 혹여나 놓칠세라 수업 내내 선생님만 바라보는 학생입니다. 당연히 성적이 우수할 것 같지만 늘 하위권입니다. 이런 학생이 어디에나 한두 명쯤은 있습니다. 늘 열심히 하는 것 같은데 성과는 기대에 못 미치는 사람들, 여기에는 어떤 이유가 있을까요?

\*

## 자율신경계의 움직임을 보라

2010년에 발표한 밍 저 포Ming-Zher Pho, 니컬러스 스웬슨Nicholas Swenson, 로잘린드 피카르드Rosalind Picard의 연구를 살펴보겠습니다. 몸에 부착한 센서를 통해서 피부에 일어나는 근전위를

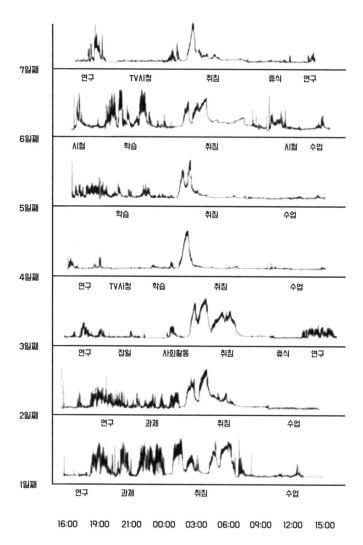

16:00   19:00   21:00   00:00   03:00   06:00   09:00   12:00   15:00

✕
논백 경쟁 전략

측정했습니다. 교감신경계가 얼마나 빨리 반응하는지를 알아보기 위해서입니다. 눈에 여러 가지 자극을 주고 측정을 하는데, 교감신경계가 빨리 반응한다는 건, 그만큼 신경 써서 보고 있다는 말입니다.

수면 상태에서 교감신경계의 반응을 보면, 잠을 자는 동안에도 파형이 움직인다는 것을 알 수 있습니다. 잠을 자는 동안 교감신경계가 움직이는 이유는 꿈을 꾸기 때문입니다. 꿈은 아무런 자극이 없지만, 꿈을 꾸면서 혼자 무언가를 만들어내고 있는 겁니다.

꿈을 조작해본 기억이 있으세요? 꿈을 꾸면서 그다음 내용을 자신이 원하는 방향으로 이끌어가는 경우가 있습니다. 꿈을 꾸면서도 계속 생각을 하고 있는 겁니다. 혹은 어떤 물건이 너무도 갖고 싶은 나머지 그 물건을 손에 넣는 꿈을 꾸기도 합니다. 그러니까 우리는 꿈도 능동적으로 만들 수 있다는 말입니다. 그래서 잠을 자는 동안에도 교감신경계는 계속해서 반응을 하는 겁니다.

TV를 시청할 때 교감신경계의 움직임은 어떤가요? 재미있는 쇼를 보거나, 예능 프로그램, 뉴스 등 어떤 종류의 프로그램을 보더라도 TV를 시청하는 동안 교감신경계의 움직임은 현저하게 떨어집니다. 피부에서 반응하지 않으니 뇌는 더욱 반응이 없을 겁니다. 그런데 재미있는 것은 수업을 받을 때의 반응입니다. TV를 시청할 때보다도 더 반응이 없습니다. 여러분이 수업을 집중해서 열심히 들어도 TV를 볼 때보다도 더 반응이 없습니다.

이 연구의 목적은 그냥 쳐다보는 것이 우리에게 어떤 영향을 주는지를 알아보는 것입니다. 수업을 듣는 것은 꿈을 꾸거나 TV를 보는 것보다 우리의 뇌에 더 자극을 주지 못한다는 겁니다. 꿈은 능동적인 행위입니다. 내가 꿈을 꾸는 겁니다. 하지만 수업은 듣는 행위입니다. 듣는 것만으로는 한계가 있습니다.

*

## 그냥 보는 것은 의미 없는 행위

카펜터 윌포드Carpenter Wilford라는 연구자가 추가 연구를 수행했습니다. 단지 보는 것과 열심히 하는 것의 차이를 알아보기 위한 연구입니다. 각기 다른 성향의 두 강사에게 강의를 하게 했습니다. 한 명은 강의 중간에 내용과 맞는 동작도 취하고, 그림도 그리면서 수업을 했습니다. 연구에서는 이 강사를 재미있는 강사라고 했습니다. 다른 한 명은 아무것도 없이 책만 읽는 강의를 했습니다. 그를 재미없는 강사라고 표현했습니다.

재미있게 강의하는 강사와 책만 읽는 강사의 강의 효과에 대해 측정을 했습니다. 여러분의 생각은 어떠세요? 아무래도 재미있게 강의하는 강사의 교육 효과가 더 클 것 같지 않나요?

강의가 끝나고 두 가지를 측정했습니다. 수업을 들은 두 집단에게 '이 강의가 당신에게 도움이 될 것 같은가'를 예측하게 했습니다. 그리고 강의 내용과 관련해서 시험을 치렀습니다. 예측한 점수와 실제 점수의 차이를 알아보기 위해서입니다.

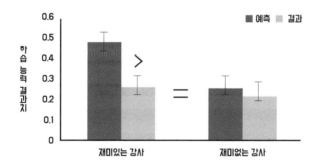

결과가 재미있습니다. 두 강사에게 강의를 들은 학생들의 예측치는 크게 차이가 났습니다. 재미있게 강의하는 강사에게 수업을 들은 학생들은, 재미없는 강사에게 강의를 들은 학생들보다 점수가 더 높을 것으로 예상했습니다. 하지만 실제 시험 결과 두 집단의 차이는 예측한 점수의 차이보다 훨씬 적었습니다.

결론은 사람은 듣기만 하는 것으로는 학습 능력의 향상을 기대하기 어렵다는 겁니다. 기본적으로 공부하는 것을 싫어하고, 머릿속에 제대로 들어가지도 않습니다. 그래서 실력을 키우기 위해 수업을 열심히 듣는 것이 기분을 좋게 할 수는 있지만, 실제로 도움이 될 확률은 생각보다 높지 않습니다.

*

## 3%와 32%

2차 세계대전 중에 미국에서 특별한 연구가 진행되었습니다. 전쟁 중에는 군인들의 영양에 더 신경을 쓸 수밖에 없습니다. 그래서 군대에 고단백 식품들이 집중적으로 공급됐습니다. 그러다 보니 문제가 발생했습니다. 일반 국민이 먹을 고단백 식품이 부족해진 겁니다. 이때 미국 정부에서 주목한 것이 고기의 내장 부위였습니다.

미국에서 내장 부위는 주로 사료로 쓰거나 버리는 것이었으나, 사실 부족한 고기를 대체할 수 있는 훌륭한 영양 공급원이었습니다. 하지만 버리는 음식 또는 동물의 사료로 생각했던 내장을 먹게 하는 일이 쉽지만은 않았습니다. 그래서 미국 국민을 설득하기 위한 프로젝트가 시작되었습니다. 이 프로젝트는 독일 출신의 사회심리학자 커트 레빈Kurt Lewin 교수가 진행했습니다.

먼저 레빈 교수는 미국 농림부에서 말을 잘하는 전문 강사들을 뽑아서 두 집단으로 나누었습니다. 이 중 한 집단은 주부들을 대상으로 45분 동안 내장 부위에 얼마나 많은 영양소가 들어 있는지에 대한 강의를 했습니다. 또 한 집단은 강의 대신 45분 동안 고기 내장 부위를 먹는 것에 대한 토론을 하게 했습니다. 참여하는 사람들의 입장에서는 말을 잘하는 전문가의 강의가 훨씬 유익하다고 생각했을 겁니다. 하지만 중요한 것은 실험 참가자들이 집에 돌아가서 내장 부위를 요리해 먹었을까입니다.

결과는 3%와 32%였습니다. 전문 강사의 강의를 들은 주부들은 강의를 듣는 동안에는 내장 부위를 먹는 것에 대해 동의했지만, 실제로 내장 부위를 요리해 먹은 주부는 3%에 불과했습니다. 반대로 토론에 참석한 주부들은 집에 돌아가서 고기 내장 부위를 요리해 먹은 비율이 32%였습니다.

결국 우리가 경험 지식을 늘리기 위해서는 듣는 것보다는 내가 참여하느냐 안 하느냐가 중요하다는 겁니다. 강의를 듣거나 책을 보는 것도 마찬가지입니다. 내가 들은 강의 내용, 내가 읽은 책의 내용을 내 것으로 만들기 위해서는 안으로 들어가야 합니다.

*

## 안으로 들어가기

경험 지식을 쌓기 위해 안으로 들어가는 방법은 무엇일까요?

### 1. 조직화하는 연습을 지속적으로 해야 합니다.

조직화한다는 건, 기존에 가지고 있던 정보와 새로 들어온 정보를 계속 통합하는 것을 말합니다. 두 정보를 서로 비교, 분석하는 연습을 꾸준히 해야 합니다.

### 2. 리허설을 해야 합니다.

들은 내용을 계속 이야기해보는 것이 중요합니다. 다른 사람에게 내가 들은 내용, 읽은 내용을 계속해서 설명하는 겁니다.

### 3. 자신의 프로젝트에 적용해봅니다.

책을 읽을 때는 '맞아, 그러네' 하며 적극적으로 공감합니다. 하지만 일상으로 돌아가면 책의 내용을 적용하는 것이 쉽지 않습니다. 실험에서도 보았듯이 구경하면 잘되지 않습니다. 구경에서 멈추지 말고 계속 자신의 일에 적용해보려는 노력이 필요합니다.

경험 지식을 쌓기 위한 방법에 대해서 알아봤습니다. 이제 어떤 콘텐츠를 접하더라도 그냥 듣거나 보기만 하지 말고 적극적으로 안으로 들어가십시오. 그러기 위해서는 다음 3가지를 질문해보아야 합니다.

이야기의 시사점은 무엇인가?
다른 설명은 안 될까?
나에게 적용한다면?

여러분의
## 핵심 경쟁력은 무엇입니까?

그것이 경쟁자에 비해
어떤 점에서 유효한가요?

# 15.
# 생존을 위한 2가지 키워드
Sweet Spot Hit

여러분의 비즈니스가 성공하기 위한 3가지,

**최초이거나.**
**전혀 다르거나.**
**압도하거나.**

여러분의 비즈니스가 이 3가지 중 최소한 하나를 충족해야 성공할 수 있습니다. 그럼 이 3가지를 찾기 위한 방법을 알아야 겠습니다.

*

## 궁극적인 목표, 브랜딩

최초이거나, 전혀 다르거나, 압도하는 사업을 찾기 위해서는 3가지가 필요합니다.

1. 시장 변화를 탐색하고
2. 핵심 능력을 갖추고
3. 브랜드가 있어야 합니다.

사업을 하려면 우선 브랜드를 가지고 있어야 합니다. BMW, 벤츠가 기능적으로 얼마나 좋은 차인가는 별개의 문제입니다. 그냥 브랜드가 BMW, 벤츠인 겁니다. 1990년대, 2000년대 중반까지 브랜드에 대한 이야기를 많이 했습니다. 하지만 최근에는 브랜드를 잘 이야기하지 않습니다. 중요하지 않아서가 아니라 더 이상 이야기하지 않아도 될 만큼 중요하기 때문에, 당연히 있어야 하는 것이 브랜드이기 때문입니다. 브랜드가 없는 사업은 소용이 없습니다.

그러면 좋은 브랜드를 어떻게 만들 수 있을까요? 첫 번째는 핵심 능력이 있어야 합니다. 브랜드를 만들기 위해서는 1차적으로 핵심 능력을 갖고 있어야 하는데, 이 핵심 능력이 시장에서 영향을 발휘하려면 시장 변화를 탐색하는 능력이 중요합니다. 지금 시장에 어떤 변화가 있고, 어떤 움직임이 있는지를 감지하는 것이 바로 마켓 센싱Market Sensing, 즉 시장 탐색입니다. 이를 통해서 감지된 것을 내가 가진 핵심 능력과 접목할 때 사람들이 주목하기 시작합니다. 그리고 시간이 지나면 브랜드가 만들어지는 것입니다.

핵심 능력과 시장 탐색 능력, 브랜드가 조화롭게 만나는 지점이 바로 스윗 스팟Sweet Spot입니다. 야구에서 힘들여 치지 않아도 공이 멀리 날아가는 배트의 지점을 스윗 스팟이라고 합니다. 그리고 우리는 바로 핵심 능력과 시장 탐색 능력, 브랜드를 통해서 힘들이지 않아도 사업이 되는 그 지점을 찾아야 합니다.

다시 질문해보겠습니다.

여러분의 핵심 경쟁력은 무엇입니까?
그것이 여러분의 경쟁자에 비해 어떤 측면에서 유효한가요?

이 질문에 답할 수 없다면, 자신의 비즈니스를 근본적으로 다시 생각해보아야 합니다. 이 질문에 답할 수 있어야 경쟁력 있는 나만의 휴리스틱을 가지고 있는 겁니다. 경쟁력 있는 나만의 휴리스틱이 없으면 경쟁자와 차별성이 없다는 이야기입니다. 경쟁자와 비슷해지면 시장에서는 사라지게 됩니다. 결국 핵심 능력이 없으면 비즈니스의 동력이 끊기게 됩니다.

열심히 하는 것은 핵심 능력일 수 없습니다. 사업이나 자영업을 하면서 열심히 하지 않는 사람은 없습니다. 하지만 아무리 열심히 한다고 해도 핵심 능력이 없다면 성공할 수 없습니다. 그리고 핵심 능력은 시장의 변화를 파악하고 감지하는 능력에서 시작됩니다. 브랜드까지 조화롭게 진행하는 그 지점이 바로 스윗 스팟입니다.

*

## 시장 탐색의 중요성

2006년에 애플에서 아이폰을 출시했습니다. 기존에 있던 아이팟이라는 제품에 통신 기능을 추가한 제품입니다. 우리나라에는 2009년 11월경에 처음 출시되었습니다. 이전부터 아이폰이 한국에 출시될지에 대해서 말이 많았습니다. 그리고 아이폰 출시

논란이 한창일 때 꽤 많은 청년들이 마켓 센싱(시장 탐색)을 했습니다. 앞으로 모바일이 대세를 이룬다는데, 그러면 어떤 것이 중요해질까를 생각한 겁니다.

우리는 그때 무엇을 했습니까? 물론 각자 열심히 자기 일을 하고 있었을 겁니다. '아이폰이 들어오면 들어오는 거고, 아니면 말고'라고 생각했을 겁니다. 저도 물론 그렇게 생각했습니다.

그런데 아이폰을 그냥 바라보고만 있지 않았던 청년들이 있었습니다. 아이폰을 시작으로 스마트폰, 모바일이 대세가 될 거라는 이야기는 이미 많았습니다. 그래서 앞으로 어떤 비즈니스가 주목받을까를 생각하던 청년들이 있었습니다. 그중 한 명이 '배달의 민족' 김봉진 대표입니다.

물론 김봉진 대표도 외국에서 배달 사업이 뜨는 건 전혀 몰랐다고 합니다. 그저 재미삼아 마켓 센싱을 했던 겁니다. 스마트폰으로 할 수 있는 일을 고민했습니다. 대한민국에서 하루 배달 주문 수가 얼마나 될까요? 배달 인구 중에서 5%만 스마트폰으로 주문을 한다고 해도 그 규모가 엄청납니다.

대한민국 행정구역 수×한 구역당 하루 배달 주문 수×365

이런 식으로 시장을 탐색했습니다. 그다음에는 이걸 실현할 능력이 있어야겠죠? 마침 김봉진 대표의 셋째 형이 앱 개발자였습니다. 그래서 김봉진 대표가 시장을 탐색하고, 셋째 형이 앱을 개발해서 구글 플레이스토어와 앱스토어에 배달의 민족 앱을 올렸고, 꽤 오랜 기간 상위에 랭크되었습니다. 이후에 투자자를 만나서 창업하고, 현재 약 9000억 원의 가치를 지닌 기업으로 성장했습니다.

*

## 생존을 위한 2가지 키워드

시장은 끊임없이 변화합니다. 지금 이 순간에도 시장은 멈추지 않고 변화하고 있습니다. 그리고 그 변화 속에는 기회가 있습니다. 그 기회를 포착하는 시장 탐색 능력, 기회를 실현할 핵심 능력이 나에게 있느냐가 관건입니다. 그리고 끊임없이 시장을 탐색하고 핵심 능력을 개발하면 브랜드가 되는 것입니다.

그래서 시장 변화 탐색, 핵심 능력, 브랜드, 이 3가지를 갖추었을 때, 성공한 비즈니스가 됩니다. 어느 한 가지만으로는 성공할 수 없습니다. 시장 변화를 모르면 기회가 없을 것이고, 시장 변화를 알아도 핵심 능력이 없으면 실현하지 못합니다.

우리가 명심해야 할 생존 키워드는 2가지입니다.

1.
## 핵심 능력을 갖고 있는가?

2.
## 시장의 변화를 탐색할 능력이 있는가?

시장조사에
의존하지 마세요.


합의를 위한
시장조사는 하지 마세요.


# 생생한 시장조사가
# 비즈니스를 만듭니다.

# 16.
# 시장 대응 마케팅
Market Sensing

성공하는 비즈니스를 만들려면 시장의 변화를 감지하고 탐색하는 능력이 필요합니다. 이 능력을 바탕으로 시장의 변화를 탐색하고 이를 실현할 핵심 능력이 있을 때 비로소 브랜드를 갖게 됩니다. 그리고 브랜드가 되었을 때, 우리의 비즈니스는 성공할 수 있습니다. 성공하는 비즈니스를 위한 첫 단계인 시장 탐색 능력이 얼마나 중요한지에 대해서 여러 가지 사례를 통해 살펴보겠습니다.

\*

## 생산의 시대
개인이 물건을 만드는 것은 결국 내가 만든 상품 또는 서비스를 고객한테 판매하는 행위입니다. 고객에게 판매를 한다는 관점에서는 기업이 물건을 파는 것이나 개인이 콘텐츠를 파는 것, 혹은 자기 이름을 파는 것 등이 모두 같은 행위라고 할 수 있습니다.

예전에는 좋은 제품을 만들면 저절로 팔리던 시기가 있었습니다. 이 시기를 생산의 시대Production Stage라고 합니다. 커피 기계를 만들어서 시장에 내놓기만 하면 팔리고, 좋은 비누를 만들어서 시장에 내놓기만 하면 팔리던 시기입니다. 하지만 늘 그렇듯이 좋은 시절은 금방 지나가게 마련입니다.

예전에 회계사, 세무사, 변호사, 의사 등의 전문직은 얼마나 좋았습니까? 전문직 직군은 국가에서 자격을 통제합니다. 그래서 어려운 시험을 치르고 학업 과정을 거쳐야 했습니다. 하지만 지금은 1년에 1000명의 변호사들이 시장에 나옵니다. 변호사 시장이 포화상태에 이르렀습니다. 회계사, 세무사는 말할 것도 없습니다. 변호사는 마음만 먹으면 회계사, 세무사의 업무까지도 할 수 있습니다. 경쟁이 더욱 치열해지는 겁니다.

그나마 아직까지도 가장 경쟁력이 있는 직업은 의사입니다. 그런데도 현재 자기 병원을 개업한 의사의 15%가 경영난으로 병원 문을 닫는다고 합니다. 문제는 개업한 의사가 망할 때는 집안을 끌어안고 망한다는 겁니다. 개업에 드는 비용이 워낙 높아서 부모님 돈, 처가 돈을 끌어다 썼기 때문입니다. 하지만 투자한 돈에 비해 환자가 많지 않은 거죠. 이비인후과는 하루에 100~150명의 환자를 받아야 운영이 가능하다고 합니다.

전문직이 이 정도이니 다른 직업들의 불안정은 더 말할 나위도 없습니다. 물건이든 서비스든 만들기만 하면 팔리던 좋은 시절은 지나갔습니다. 생산의 시대는 오래전에 사라졌습니다.

*

## 판매의 시대

생산의 시대가 가고 판매의 시대Selling Stage가 왔습니다. 제품을 만드는 것이 아니라 잘 파는 것이 중요한 시대입니다. 『미생』이란 만화에서 주인공 장그래는 '원인터내셔널'이라는 회사에 다닙니다. 이 회사가 바로 물건을 파는 것을 주업으로 하는 종합상사입니다. 물건을 잘 파는 것이 최고의 미덕인 회사가 종합상사입니다. "아프리카에서 털신을 팔고, 시베리아에서 냉장고를 팔아라"가 종합상사의 슬로건입니다. 그들에게 정말 물건이 필요한지는 중요하지 않습니다. 무조건 잘 파는 것이 미덕입니다. 하지만 지금은 물건을 잘 파는 것도 힘들어졌습니다. 이제 대부분의 제품들이 비슷한 품질, 비슷한 기능을 가지게 되었기 때문입니다.

*

## 마케팅 시대를 넘어 시장 대응의 시대로

무조건 잘 파는 것도 힘든 시대가 끝나자 마케팅 시대Marketing Stage가 도래했습니다. 아프리카에서 털신을 파는 것처럼 내가 가진 물건을 무조건 파는 것이 아닙니다. 소비자의 요구를 미리 파악해서 대응하는 것이 바로 마케팅의 핵심입니다.

하지만 지금은 마케팅의 수준에서 머물러서는 안 됩니다. 마케팅을 넘어서 시장 대응Market Orientation으로 가야 합니다. 시장의 방향, 고객의 필요를 스스로 주도하는 회사가 되어야 합니다. 시장 대응이란 바로 전사적인 시장 탐색Market Sensing을 하는 것입니다. 시장에서 벌어지고 있는 중요한 흐름과 변화, 정보를 파악하는 활동을 전사적으로 준비하는 겁니다. 어느 한 사람이 시장의 변화를 파악하고 다음 비즈니스를 준비하는 것은 어렵습니다. 그래서 조직원 전체가 시장의 변화를 파악하고 대응해야 합니다.

## 시장 대응을 위한 첫 번째 단계

시장 탐색을 넘어 시장에 대응하기 위해서 우리는 어떤 것을 해야 할까요? 적절한 시장 대응을 통해 성공한 기업의 사례를 살펴봄으로써 우리의 비즈니스도 다시 생각해보겠습니다.

시장 대응의 첫 번째 단계는 데이터 산출Data Generation 입니다.

과거의 기업들은 다음번 시장 대응 전략을 짜는 일을 마케팅 팀에 맡겼습니다. 그러면 마케팅 팀에서는 시장조사를 외주업체에게 맡깁니다. 외주를 받은 회사는 프로젝트 금액에 따라 인력을 배정합니다. 외주비용에 따라서 부장급 프로젝트가 될 수도 있고, 대리급 프로젝트가 될 수도 있습니다.

만약 대리급 프로젝트라면, 외주업체의 대리가 시장조사를 하게 될 겁니다. 그런데 조사 결과를 고객사에게 생생하게 전달하기는 쉽지 않습니다. 우선 대리 선에서 적절하게 결과를 다듬고, 고객사의 담당자와 만나서 의견을 나눕니다. 이 과정에서 조사 내용은 다시 한 번 걸러집니다. 이후 팀장, 부장 등을 거쳐서 최고 의사결정자에게 이르면 수많은 사람들의 의견이 개입되어 핵심에서 벗어난 상태가 됩니다. 선별된 조사 내용이 나오는 겁니다.

시장에서 벌어지는 상황과 전혀 상관없이 중간에 피드백을 한 사람들의 의견이 최고 의사결정권자에게 전달되는 겁니다. 처음에는 시장 탐색으로 출발했지만, 그 결과는 관련 구성원들이 합의한 내용이 되는 겁니다. 이렇게 만들어진 정보가 과연 시장의 변화를 생생하게 반영하고 있을까요?

시장에서 기회를 찾는 사람들은 시장의 생생한 정보를 찾는 사람들입니다. 스티브 잡스는 시장조사를 하지 말라는 말까지 했습니다. 물론 정말로 시장조사를 하지 말라는 뜻이 아닙니다. 관련자들끼리 합의한 결과를 경계한 겁니다. 시장에서 벌어지는 진짜 변화를 읽는 것이 바로 시장 탐색입니다.

*

## 시장 대응의 두 번째 단계

시장 대응Market Orientation을 위한 첫 단계로 생생한 시장의 정보, 데이터를 찾아냈다면, 그다음 단계는 유포Disseminate입니다. 생생한 시장 정보를 혼자 생각하고 혼자 판단하지 말고 널리 알리는 것입니다. 다른 사람들과 함께 이야기하다 보면 의미 있는 내용을 더 빨리 발견할 수 있습니다. 혼자 고민하는 사이에도 시장은 끊임없이 변합니다.

여러 사람과 정보를 공유하고 토론하고 의사결정이 내려지면 마지막으로 빠르게 대응해야 합니다. 조직의 차원에서 빠른 대응이 이루어지려면 관련 내용을 서로 알고 있고, 합의가 이루어져야 합니다. 그래서 생생한 시장 정보를 공유하는 것이 중요합니다.

*

## 블랙 & 데커의 시장 대응

하버드 대학교의 경제 전문지인 『비즈니스 리뷰Business Review』에서 시장 탐색과 시장 대응에 대한 특집을 다룬 적이 있습니다. 블랙 & 데커Black & Decker라는 전동공구 회사의 사례를 소개했는데, 앞에서 말한 시장 대응을 통해 놀라운 결과를 만들어냈습니다.

원래 블랙 & 데커는 가정용 전동공구 시장 1위의 오래된 기업입니다. 가정용 전동공구로는 전 세계 시장을 휩쓴 1등 브랜드입니다. 그러면 블랙 & 데커가 바라보는 다음 시장은 어디일까요? 바로 산업용 공구 시장입니다. 가정용 공구는 가격이 40~50달러이지만, 산업용 전동공구는 10배, 100배의 가격에 이릅니다. 그런데 진입하기가 쉽지 않았습니다. 3~4년을 노력해도 진전이 없었습니다. 그래서 블랙 & 데커의 회장이 직접 미국 전역의 영업담당 임원들을 불러모았습니다.

이 자리에서 회장은 정말 간단한 요구를 했습니다. 앞으로 한 달 동안 담당 지역으로 돌아가서 산업용 전동공구를 쓰는 사람 10명씩을 만난 후 다시 모이자는 것이었습니다. 200명의 영업담당 임원들은 각자의 지역으로 돌아가서 산업용 전동공구를 쓰는 사람과 만나서 인터뷰도 하고 보고서도 작성했습니다. 최전방에서 물건을 직접 판매할 사람들이 직접 고객을 만나 데이터 산출Data Generation을 한 겁니다.

각각 10명씩 고객과 인터뷰한 영업담당 임원들은 다시 모여서 1박 2일의 워크숍을 진행했습니다. Disseminate, 공유가 이루어진 겁니다. 이 자리에서 3가지 의미 있는 발견이 나왔습니다. 외부 업체에 맡겨 조사하여 여러 차례 걸러진 데이터가 아닌 생생한 데이터를 만들고, 이렇게 만들어진 데이터를 서로 공유해야 한다는 것입니다. 그들의 데이터는 실제 사용자들의 목소리가 반영된 살아 있는 데이터였습니다.

첫 번째, 블랙 & 데커는 가정용이라는 인식입니다. 좋은 공구일지는 모르지만 가정용 전동공구 회사라는 인식 때문에 산업 현장에서 쓰는 것이 꺼려진다는 의견이었습니다.

두 번째는 애프터서비스에 대한 믿음입니다. 가정용 공구는 고장이 나면 고쳐서 쓸 수 있지만, 산업 현장에서는 공구가 망가지면 일을 못하게 됩니다. 당연히 그동안은 수입도 없습니다. 그래서 힐티나 볼보 같은 중장비 전문회사에서 만든 제품을 더 신뢰할 수밖에 없다는 의견이었습니다.

세 번째는 블랙 & 데커의 문제라기보다는 산업용 전동공구를 사용하는 작업 환경의 문제였습니다. 공사 현장에서는 그때그때 깔끔하게 정리하면서 일을 하기 힘들다 보니 장비를 한 번 사용하고 나면 어디에 두었는지 잊어버리기 일쑤입니다. 그래서 매번 공구를 찾으러 돌아다니는 것을 영업담당 임원들이 직접 본 겁니다.

*

## 드월트로 다시 태어나다

생생한 시장 정보를 통해 발견한 3가지 문제를 블랙 & 데커는 어떻게 해결했을까요?

먼저 가정용 공구라는 인식을 해결하기 위해 드월트DeWALT라는 새로운 브랜드를 론칭했습니다. 산업용 전동공구를 전문으로 만드는 새로운 브랜드를 내세워 가정용이라는 인식을 해소하기로 한 겁니다. 애프터서비스는 '30분 보증 프로그램'을 제안했습니다.

만약 작업자가 전동공구를 사용하다 망가지면 AS센터에 전화를 합니다. 그러면 회사는 30분 안에 새 공구를 가져다주고, 망가진 공구는 고쳐서 다시 가져다주는 프로그램입니다. 공구가 망가져도 30분 정도 쉬고 있으면 새 공구가 옵니다. 새 공구로 작업을 계속하다 보면 망가진 공구를 고쳐서 다시 가져다줍니다. 기존 중장비 회사의 산업용 전동공구도 망가질 때가 있을 겁니다. 그러면 애프터서비스가 된다고 하더라도 시간이 상당히 소요될 수밖에 없습니다. 블랙 & 데커의 산업용 전동공구는 그 시간을 획기적으로 줄였습니다. 시간이 곧 돈인 작업 현장에서

**156**

✕

논백 경쟁 전략

는 큰 이점이 될 수밖에 없습니다.

작업 환경의 문제는 전선의 색을 바꿔서 해결했습니다. 드 월트의 산업용 전동공구는 전선이 노란색입니다. 노란색은 어디 서든 눈에 잘 띄기 때문입니다. 장비를 어디에 두었는지 깜박 잊 었더라도 노란색 전선만 따라가면 찾을 수 있습니다. 거기에 노 란색의 의미가 더해져서 산업 현장에서는 더욱 환영을 받을 수 밖에 없습니다. 노란색은 '주의'라는 의미가 있으므로 위험한 산 업 현장과 딱 맞는 색입니다.

이 과정을 통해서 블랙 & 데커의 산업용 전동공구는 이듬해 미국에서 시장점유율 37~38%를 기록했습니다. 미국 시장에서 는 아주 이례적인 사례라서 『비즈니스 리뷰』에서 특별호로 다뤘 던 겁니다.

＊

## 시장 탐색이 정확해야 바꿀 수 있습니다

그런데 블랙 & 데커의 사례에서 주목할 점이 있습니다. 블랙 & 데커가 발견한 3가지 사항이 사실 아주 특별한 내용은 아니라는 겁니다. 이 3가지 사항이 블랙 & 데커를 선택하는 데 장애가 된다는 것을 모두 알고 있었다는 겁니다. 그런데도 3~4년 동안 개선하려는 노력을 하지 않았습니다.

이 3가지 사실이 매출을 좌지우지할 정도로 중요하다고 생각하지 않았기 때문입니다. 블랙 & 데커의 가정용 이미지가 도움이 안 된다는 것을 알고 있었음에도 새로운 브랜드를 만들어야겠다는 의사결정을 하지 않았습니다. 내구성을 걱정하는 것을 알고 있었지만 보완 프로그램을 제안하지 않았습니다.

여러분이 진단한 정보에 대해 자신이 없으면 실행을 할 수가 없습니다. 여러분이 파악한 정보에 대한 확신이 있어야 행동으로 옮기게 됩니다. 사업을 고민하는 분들이 쉽게 행동으로 옮기지 못하는 경우는 대부분 자신이 가진 정보에 대한 확신이 없기 때문입니다. 그래서 시장 탐색이 중요합니다. 시장 탐색이 제대로 이루어지면 자신감을 가지게 되고, 자신감을 가지면 행동으로 옮기게 됩니다. 아이폰이 성공할 것이라는 건 다들 알고 있었습니다. 하지만 그와 관련된 비즈니스를 시도한 사람은 적습니다. 시장의 변화와 흐름을 제대로 파악하지 못했기 때문입니다.

## 당신에게 필요한 건 무엇인가요?

진공기술 분야에서 세계 1위 기업은 알박ULVAC입니다. 진공기술은 반도체 등을 만드는 데 필요한 기술로, 일본의 알박이 세계 시장의 70%를 점유하고 있습니다. 전 세계에서 미세 진공설계 기술이 필요한 기업은 예외 없이 알박을 찾습니다.

알박의 성공 비결은 철저한 시장 탐색에 있습니다. 알박은 주문이 들어오면 자신들이 가진 기술로 만드는 것이 아닙니다. 먼저 고객사에 가서 이야기를 나누고, 자신들이 알고 있는 내용과 다른 욕구가 있지 않은지 확인합니다. 그리고 그에 맞추어서 설계를 하고 특허를 냅니다.

이 과정을 모두 고객사와 함께 진행합니다. 그러니까 진공설계, 진공장차, 구축 관련 기술이 점점 축적됩니다 그리고 시간이 지나면 알박을 거치지 않고는 진공 관련 설계와 구축을 할 수 없는 겁니다. 알박은 기술력도 있지만 시장 탐색 능력이 뛰어난 기업입니다. 고객에게 필요한 기술을 직접 살펴보고, 그 내용을 자사에 구축합니다. 시장 탐색 능력과 핵심 능력 두 가지를 동시에 갖춘 회사입니다.

*

## 안테나를 넓혀라

그러면 앞으로 우리나라에서는 어떤 비즈니스가 주목을 받을까요? 지금 개인 사업을 하려는 분들, 혹은 회사의 미래 사업을 찾는 분들은 어디에 시선을 두고 있습니까? 어떤 계획을 갖고 있습니까? 핵심 능력을 가지고 있고 제대로 길목을 지키고 있으면 물이 들어옵니다. 그러면 그때 그 물을 타고 가는 겁니다. 그런데 3년 뒤에 어떤 물이 들어올까요? 정답을 찾는 게 아니라 이런 생각을 계속 하는 것이 중요합니다. 큰 관점부터 작은 관점까지 앞으로 사람들이 어디로 이동하는지, 어떤 것에 관심을 가지는지를 유심히 관찰해야 합니다.

제가 최근 주목하는 기업이 있습니다. 배달의 민족, 여기 어때, 소카와입니다. 이 기업의 경영자들은 도대체 어떻게 시장에 진입해서 전혀 다른 서비스를 판매해 자기 분야의 1등이 되었을까요?

이들의 비즈니스 성공 요인은 정말 간단합니다. 바로 '미국'입니다. 미국에서 뜨면 6개월 뒤에 한국에서 뜹니다. 그래서 신사업을 준비하는 사람들이 제일 먼저 살펴보는 것이 미국 시장의 반응입니다. 한국 소비자들은 미국 시장에서 인기를 끈 제품이나 서비스를 좋아합니다. 스타벅스가 인기가 있는 이유는, 미국에서 인기가 있었기 때문입니다.

현재 미국에서 뜨고 있는 브랜드나 서비스가 무엇인지 찾아보세요. 6개월 후면 한국에서도 뜨는 걸 볼 수 있습니다. 제품뿐만이 아니라 방송 프로그램도 미국에서 인기 있는 포맷이 몇 달 뒤면 한국에서도 뜹니다.

미국에서 뜨는 것을 무조건 따라 하자는 말이 아닙니다. 안테나를 어디로 향하게 세울 것인가에 대한 이야기입니다. 우리나라를 벗어나서 미국이나 유럽 등 전 세계를 보고 데이터를 만들어야 합니다. 그게 바로 성공하는 시장 탐색의 첫 번째입니다.

여러분이 보기에 요즘 의미 있는 시장의 변화에 어떤 것이 있습니까? '1인 가구', '혼밥', '혼술' 등 1인 관련 키워드가 있습니다.

이 사실을 아는 것도 중요하지만 그 내용을 진단하고 파악하는 것도 중요합니다. 그리고 내가 할 수 있는 것이 무엇인지를 생각해야 합니다. 그래야 성공적인 비즈니스가 보입니다.

90%, 70%, 90%, 90%, 85%,
90%, 80%, 60%, 80%, 70%

일본의 상위 10개 기업의
세계시장 점유율입니다.

.

.

.

## 이게 가능한가요?

# 17.
# 강소기업 전략
### Niche Top

## 일본의 엔고와 수출의 차이

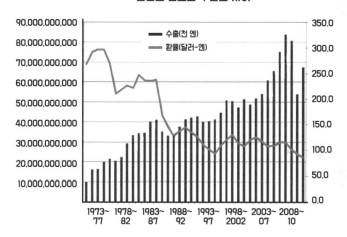

자료: (수출) 일본 재무성, 무역통계: (환율) 일본은행

위 그래프는 일본의 지난 50년간의 수출 증가율을 나타낸 것입니

다. 1970년대 성장률과 2000년대 성장률을 비교해보면, 2000년 대에 더 가파르게 성장했다는 것을 알 수 있습니다. 그래프에는 없지만 2011년 이후는 더욱 높아지고 있습니다.

일본인들은 1992년 이후의 일본 경제를 '잃어버린 20년'이 라고 합니다. 그런데 수출 증가율을 보면 잃어버린 20년이란 말이 이해가 되지 않습니다. 오히려 더 빨리 성장하고 있습니다. 원래 일본 사람들은 앓는 소리를 잘합니다. 지금 일본은 호경기입니다. 그럼에도 앓는 소리를 하고 있습니다.

지금 일본에서 안 된다고 말하는 것이 B2C입니다. 소니, 내셔널, JVC 등 유수의 업체들이 B2C 비즈니스에서 어려움을 겪고 있는 것은 맞습니다. 하지만 B2B는 성장을 거듭하고 있습니다. 전 세계 어느 나라든 시장 규모는 B2C보다 B2B가 훨씬 큽니다. 그래서 일본이 호경기를 맞이할 수 있는 겁니다.

일본의 B2B 기업을 '일본의 강소기업'이라고 이야기합니다. 규모보다 내실을 탄탄하게 다진 회사입니다. 강소기업이 되기 위해서는 근본적으로 핵심 경쟁력Core Competence를 갖추고 있어야 합니다. 핵심 경쟁력을 갖추고 시장 탐색Market Sensing을 해야 의미가 있습니다. 열심히 시장을 탐색하고 연구해도 대응

할 능력이 안 되면 할 수 있는 게 없습니다. 그러나 핵심 경쟁력이 있다면 시장을 탐색하지 않아도 먹고살 수는 있습니다.

일본의 소재 관련 기업들의 시장점유율입니다. 상위 10개사의 점유율을 보면 제일 낮은 회사가 60%입니다. 세계시장 점유율 90%인 회사도 4개나 됩니다. 이런 점유율이 가능한 이유는 이들 회사들이 핵심 경쟁력을 갖고 있기 때문입니다.

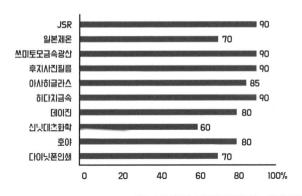

**일본 소재 관련 기업 글로벌 시장점유율**

자료: 泉谷渉(2006), 『재료왕국 일본의 역습』, 『동양경제신보사』.

일본의 강소기업들이 쓰는 전략을 니치 톱Niche Top이라고 합니다. 규모가 작은 시장에서 압도적인 1등을 하고, 그런 다음 옆으로 확장하는 전략을 말합니다. 우리에게 시사하는 바가 큰 전략입니다. 비즈니스를 준비하고 있다면, 혹은 진행 중이라면 작은 곳에서 먼저 1등을 하십시오.

서브타입 시장에서
먼저 1등을 하고,
그다음 시장을 **넓혀** 나가는 겁니다.

그리고
이때 반드시 **핵심 경쟁력**이 있어야 합니다.

# 캐논은 카메라 회사?

빅토리녹스는 되고
도루코는 안 되고.

무슨 차이일까요?

# 18.
# 3가지 핵심 경쟁력
Core Competence

성공하는 비즈니스가 되려면 시장의 변화와 욕망을 탐색하는 능력이 있어야 합니다. 그리고 그렇게 탐색한 정보를 실현할 수 있는 핵심 능력, 핵심 경쟁력이 필요합니다. 그래서 이번에는 핵심 경쟁력에 대한 이야기를 해보겠습니다.

핵심 경쟁력은 크게 3가지로 나뉩니다.

1. 기술 기반Technology Based의 핵심 경쟁력
2. 관리 기반Managerial Based의 핵심 경쟁력
3. 소비자 기반Consumer Based의 핵심 경쟁력

지금 사업을 준비하거나 구상하고 있는 분 또는 실행 중인 분들도 이 3가지 중 하나를 생각하고 있을 겁니다. 그래서 각각의 핵심 경쟁력에 해당하는 사례를 통해서 핵심 경쟁력에 대해

알아보려고 합니다.

*

## 기술 기반 핵심 경쟁력

기술을 기반으로 한 핵심 경쟁력의 사례로 살펴볼 회사는 캐논입니다. 현재 카메라 시장의 1등 브랜드는 캐논이지만, 1990년대 중반까지는 니콘에 밀려 항상 2등을 했던 기업입니다.

1980년대 최고의 카메라는 니콘의 FM2라는 카메라였습니다. 모터드라이브를 달고 있는 이 카메라는 9연사가 가능했습니다. 연사를 통해서 순간적인 장면을 포착할 수 있었고, 그래서 특히 기자들이 FM2 모델을 선호했습니다. 뉴스를 보면 카메라 기자들이 모두 FM2를 쓰고 있으니 일반 소비자들은 FM2를 최고의 카메라라고 생각했습니다.

그런데 니콘의 FM2를 사서 필름을 한 롤 찍으면 잘 나오는 사진이 한두 장도 안 됩니다. 기계식 카메라는 기본적으로 광량과 셔터스피드, 초점 3가지를 맞춰주어야 사진이 잘 나옵니다. 일반 소비자들은 보통 카메라를 사면 가족 사진을 많이 찍습니다. 아이를 예쁘게 찍으려고 조리개를 조절하고 셔터스피드를 조절하는 사이 이미 아이는 다른 곳에 가 있습니다. 이 때문에 니콘 FM2를 쓰는 사람은 어느 정도 선에서 빨리 찍어야겠다고 생각하게 됩니다. 결국 필름 한 롤을 다 써서 건지는 사진은 한두 장에 불과할 수밖에 없습니다.

이러한 사실을 캐논이 시장 탐색을 통해서 발견했습니다. 전세계 카메라 사용자 2만 명을 직접 면담하여 발견한 사실은 바로 비싼 카메라를 샀는데 정작 결과물은 형편이 없다는 겁니다. 노출이 안 맞아서 까맣거나 하얗게 나오고, 초점이 안 맞아서 뿌연 사진만 나오는 겁니다. 사람들은 사진이 잘 안 나오면 자신의 실력이 부족한 탓이라고 여겼습니다.

\*

## 오토 보이

캐논은 이런 사실을 발견하고 아주 중요한 점을 깨달았습니다. 사람들은 비싼 카메라를 원하는 것이 아니라 사진이 잘 나오는 카메라를 원한다는 겁니다. 비싼 카메라를 사는 이유는 좋은 사진을 뽑기 위해서인데, 정작 사진이 잘 안 나오는 겁니다. 그리고 사람들은 1970~1980년 동안 자신의 실력을 탓하며 지냈는데, 이런 인식을 캐논이 바꿨습니다.

카메라의 궁극적인 목표는 사진이 잘 나오는 것입니다. 그 래서 캐논이 내놓은 제품이 오토 보이Auto Boy 시리즈입니다. 자 동카메라인 오토 보이는 셔터를 반 정도 누르면 적외선이 피사 체에 날아갔다 옵니다. 그래서 거리를 측정해서 초점을 맞추고, 조리개와 셔터스피드를 결정해줍니다. 촬영자가 셔터만 누르면 나머지는 카메라가 알아서 조절해줍니다. 그렇게 찍으면 작품 사진까지는 아니지만 실패한 사진도 나오지 않습니다.

캐논의 위대한 통찰로 1996년을 기점으로 카메라 시장이 완 전히 바뀌어버렸습니다. 사람들은 니콘에서 캐논으로 몰려갔고, 캐논은 다시 렌즈 교환식 전자카메라인 EOS 시리즈를 출시했습 니다. 사진기자들이 모두 EOS 시리즈를 쓰기 시작했습니다. 기 계식 카메라 시장에서 니콘에 밀려 2등을 했던 캐논은 자동카메 라, 전자식 카메라 시장으로 넘어오면서 1등이 되었습니다.

## 캐논의 핵심 경쟁력

카메라 시장의 최강자가 된 캐논의 다음 행보는 놀라웠습니다. 캐논 비즈니스의 본질, 핵심 경쟁력이 무엇일까요? 앞의 내용을 보면 캐논은 카메라를 잘 만드는 회사라고 생각하는 것이 당연합니다. 그런데 캐논은 자신들의 회사가 카메라를 잘 만드는 회사가 아니라 광학기술을 가진 회사라고 생각했습니다. 그중에서도 특히 레이저 기술 기반의 광학기술 회사라고 정의했습니다.

핵심 경쟁력을 광학기술로 정의한 캐논의 다음 비즈니스는 레이저 광학기술이 적용되는 곳, 그중에서도 복사기 시장입니다. 그전까지 복사기는 제록스가 장악하고 있었습니다. 제록스의 복사기는 습식복사기였습니다. 습식복사기는 잉크가 묻어서 나오고 롤러로 말리는 구조입니다. 속도가 늦고 인쇄 품질이 떨어집니다. 게다가 바로 손으로 만지면 잉크가 묻어났습니다. 그래서 제록스 습식복사기를 사용하면 입으로 바람을 불어서 잉크를 말리곤 했습니다.

여기에 캐논이 건식복사기를 만들어 출시했습니다. 레이저 방식이라 인쇄 품질도 좋고, 복사 속도도 굉장히 빨라졌습니다.

이 때문에 1990년대 초반 제록스는 심각한 매출 타격을 입었습니다.

복사기 이후 레이저 광학기술이 필요한 시장은 모두 캐논이 차지했습니다. 먼저 반도체 절삭 시장에 진입했습니다. 반도체 단면을 자를 때 이전에는 철로 된 칼을 사용했습니다. 철로 자른 반도체는 단면이 깔끔하지 않았습니다. 여기에 캐논이 들어와 레이저 절삭을 하면서, 반도체 절삭 시장에서 캐논이 주요한 회사로 등장했습니다. 이후에 캐논은 레이저 수술용 메스 시장에 진출했습니다. 사람의 손이 들어가기 힘든 미세수술 시장에서 두각을 보였습니다.

캐논의 행보를 통해서 보면 핵심 경쟁력이 있는 회사는 두 가지 이점을 갖게 됩니다. 첫 번째는 해당 시장을 차지하는 것이고, 두 번째는 다음에 해야 할 비즈니스가 명확해지는 것입니다. 그래서 내가 어떤 핵심 경쟁력을 갖고 있는지 혹은 준비하고 있는지가 중요합니다.

## 관리 기반 핵심 경쟁력

이번에는 특급 배송업체인 페더럴익스프레스(약칭 페덱스)의 사례를 통해서 관리 기반 핵심 경쟁력을 살펴보겠습니다. 페덱스는 B2C 시장에서는 1등이지만, B2B를 포함하면 1등은 아닙니다. 그래서 페덱스는 오로지 B2C 시장만 노리는 브랜드입니다. B2C와 B2B는 결정적인 차이가 있습니다. B2B는 낮은 가격이 중요하고, B2C는 브랜딩이 훨씬 중요합니다. 그래서 페덱스는 B2C를 주요 대상으로 결정합니다.

이렇게 결정하고 페덱스는 관리 시스템을 구축했습니다. 사람들이 특송 화물을 보낼 때에는 속도와 안전이라는 두 가지 목적이 있습니다. 빠르고 안전하고 정확하게 화물이 도착하는 것을 기대하는 겁니다. 특히 가장 바라는 것은 'Overnight Express', 하룻밤 만에 도착하는 것입니다.

하지만 미국에서는 하루 만에 화물을 배송하는 것이 불가능합니다. 10개의 도시에서 10개의 도시로 화물이 운송되는 조합의 수를 만들면 45개의 경우의 수가 나옵니다. '$n \times (n-1)/2$'이 되므로 10개 도시를 대입하면 45가 나옵니다.

그런데 `도시가 100개라면 어떻게 될까요? 경우의 수가 4950개로 늘어납니다. 도시 하나가 늘 때마다 경우의 수는 훨씬 더 많아집니다. 그래서 고객은 하룻밤 만에 배송되기를 원하지만, 물리적으로 불가능하다는 것이 당시 특급 배송 시장의 일반적인 생각이었습니다.

그런데 이걸 페덱스가 해결했습니다. 멤피스라는 곳에 물류 창고를 지어서 경우의 수를 획기적으로 줄인 겁니다. 멤피스는 미국의 한가운데에 위치해 있어서, 이곳에 물류 허브를 만들면 미국 어디에서든 비행기로 2시간이면 도착할 수 있습니다. 그러니까 여기에서 다시 물건을 보내는 것도 2시간이면 되는 거죠. 화물을 실은 비행기가 멤피스로 왔다가 도로 가기만 하면 끝나는 겁니다. '$n \times (n-1)/2$'이 $2n$이면 끝나는 겁니다. 여기 100개의 도시가 있는데, 기존의 시스템에서는 배송의 경우의 수가 4950개입니다. 이것을 페덱스는 200개로 줄였습니다. 이게 바로 로터리 허브 시스템Rotary Hub System 입니다.

로터리 허브 시스템으로 페덱스는 비즈니스 특허를 획득했고, 그 유명한 광고 카피를 만들었습니다.

"당신이 진정으로 원한다면 우리는 하룻밤 만에 달려갑니다. Overnight Express Federal Express."

페덱스의 획기적인 배송 시스템에 일반 소비자들이 몰리기 시작했습니다. 하지만 실제 매출은 당일 특급 배송에서 나오는 것은 아닙니다. 비용이 비싸기 때문에 대부분의 소비자들은 3일 또는 5일 배송 시스템을 이용합니다. 그럼에도 소비자의 머릿속에는 '하룻밤 만에 도착하는 페덱스'가 자리 잡고 있습니다. 빠르고 정확한 시스템이라고 인식하는 겁니다.

*

## 소비자 기반 핵심 경쟁력

핵심 경쟁력의 세 번째는 소비자 기반 경쟁력입니다. 세계에서 칼을 제일 많이 만드는 회사는 빅토리녹스Victorinox입니다. 우리 나라에서 칼을 제일 많이 만드는 회사는 어디일까요? 도루코입니다. 그런데 도루코에서 100만 원짜리 시계를 만든다면 사시겠습니까? 도루코에서 수십만 원짜리 선글라스를 만들면 한 번 써볼 의향이 있나요? 대부 분은 회의적인 반응을 보일 겁니다.

그런데 빅토리녹스에서는 시계를 만듭니다. 선글라스도 만들고 심지어 모자와 재킷도 만듭니다. 더 놀라운 사실은 빅토리녹스의 시계가 수백만 원이라는 것, 선글라스가 100만 원에 팔린다는 것입니다. 왜 빅토리녹스는 가능한데, 도루코는 안 될까요? 바로 핵심 경쟁력을 어떻게 정의하느냐의 차이입니다.

빅토리녹스는 우리에게는 맥가이버 칼로 유명하지만, 미국이나 유럽에서는 스위스 아미 나이프Swiss Army Knife 또는 스위스 밀리터리 나이프Swiss Military Knife로 더 유명합니다. 서양에서 개인 전투력이 가장 높은 군대가 스위스 군대입니다. 교황 근위대 16명이 모두 스위스 육군입니다. 서양의 전쟁 역사에서 전위대는 대부분 스위스 용병입니다. 그래서 스위스 군대라고 하면 강력한 느낌을 줍니다. 스위스 아미 나이프도 역시 강력한 느낌을 줍니다. 이 칼만 있으면 어디에 가서도 살 수 있을 것 같은 생각이 듭니다.

그래서 빅토리녹스가 시계를 만들면 빅토리녹스 시계가 아니라 스위스 군용 시계입니다. 이 시계만 있으면 세계 어떤 험지에서도 고장 없이 안심할 수 있을 것 같습니다. 스위스 아미 선글라스Swiss Army Sunglass, 스위스 아미 워커Swiss Army Walker, 스위스 아미 재킷Swiss Army Jacket 등등 모두 품질이 좋을 거라는 느낌을 줍니다. 사실 모든 제품을 OEM(주문자 상표 부착 방식)으로 만들지만, 스위스 아미Swiss Army라는 타이틀을 붙이는 순간 전혀 다른 수준의 제품이 되는 겁니다. 빅토리녹스의 핵심 경쟁력은 바로 소비자의 품질에 대한 신뢰입니다.

이제 여러분은 무엇을 기반으로 한
핵심 경쟁력을 만드실 건가요?

중요한 것은
처음에는 하나로 시작해야 한다는 겁니다.

시간이 지나면서
3가지 핵심 경쟁력을
통합해야 한다는 겁니다.

용의 꼬리보다 **뱀의 머리**가 되어라!
웬디스보다 **서브웨이**!

# 19.
# 시장 위치와 경쟁 전략
## Major Brand vs. Minor Brand

시장에서 브랜드의 위치는 아주 중요합니다. 브랜드가 어느 위치에 속해 있는지에 따라 소비자의 선택이 달라지고, 구사해야 할 전략이 달라집니다.

시장 위치에 따른 경쟁 전략을 연구한 프라카시 네둔가디 Prakash Nedungadi는 지구상의 모든 브랜드를 4개의 위치로 나눌 수 있다고 했습니다. 우선 속한 카테고리가 메이저냐 마이너냐로 나누고, 카테고리 안에서 브랜드가 메이저냐 마이너냐로 나눕니다. 브랜드가 어느 위치에 속하느냐에 따라 소비자의 선택이 달라진다는 겁니다.

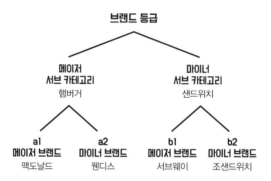

*

## 메이저와 마이너

배가 고플 때 햄버거를 먹을지, 샌드위치를 먹을지를 선택하는 상황입니다. 햄버거는 메이저 카테고리이고, 샌드위치는 마이너 카테고리입니다. 이런 선택의 상황에서 대부분의 사람들은 먼저 카테고리를 정합니다. 즉 어떤 종류를 먹을지를 선택하는 겁니다. 카테고리를 선택했다면 그다음은 브랜드를 선택하게됩니다. 햄버거를 선택했다면 맥도날드를 먹을지, 웬디스를 먹을지 고민합니다. 샌드위치를 선택했다면 서브웨이나 조샌드위치를 선택할 겁니다. 맥도날드와 서브웨이가 메이저 브랜드, 웬디스와 조샌드위치는 마이너 브랜드에 속합니다.

쇼핑과 관련해서 브랜드를 분류해보면, 대형 할인점은 메이저 카테고리, 편의점은 마이너 카테고리입니다. 대형 할인점에 이마트가 있고 홈플러스가 있다면 이마트가 메이저 브랜드입니다. 이마트는 메이저 카테고리의 메이저 브랜드, 홈플러스는 메이저 카테고리의 마이너 브랜드가 됩니다. 그리고 편의점에 GS25가 있고 위드미가 있으면, GS25는 마이너 카테고리의 메이저 브랜드, 위드미는 마이너 카테고리의 마이너 브랜드가 됩니다.

*

## 단지 이름만 불렀을 뿐인데……

이처럼 4개의 위치 중에서 브랜드가 어느 위치에 속하느냐에 따라서 단지 이름을 부르는 것만으로도 소비자의 선택이 바뀔 수 있습니다. 이름을 부른다는 의미는 광고적인 요소를 제외하고 단지 브랜드를 정의하는 것을 말합니다. '맥도날드는 레스토랑입니다', '웬디스는 레스토랑입니다'처럼 중립적인 메시지만 전달했을 때, 과연 소비자들은 어떤 것을 선택하게 될까요?

| 브랜드 | | | | |
|---|---|---|---|---|
| | 맥도날드 | 웬디스 | 서브웨이 | 조샌드위치 |
| Retrieval | | | | |
| No Prime | .74 | .32 | .28 | .13 |
| Direct Prime | 81 | .65* | .77* | .58* |
| Indirect Prime | .78 | .43 | .60* | .15 |
| Choice | | | | |
| No Prime | .18 | .10 | .05 | .04 |
| Direct Prime | .36* | .19 | .30* | .05 |
| Indirect Prime | .19 | .08 | .19* | .00 |
| Intention | | | | |
| No Prime | 5.30 | 5.12 | 4.83 | 3.39 |
| Direct Prime | 6.32 | 5.69 | 5.25 | 3.40 |
| Indirect Prime | 6.05 | 5.34 | 5.67* | 3.32 |

Retrieval은 브랜드 이름을 이야기했을 때 사람들의 생각이 얼마나 증가하는지를 나타내는 것입니다. No Prime은 아무런 행동을 하지 않았을 때 사람들이 브랜드를 얼마나 인식하고 있는지, 즉 인지도라고 생각하면 됩니다. 숫자는 퍼센티지(%)로 이해하면 됩니다. 그러니까 평상시 맥도날드의 인지도는 74%, 웬디스는 32%, 서브웨이는 28%, 조샌드위치는 13%입니다. 이 수치

가 인지도나 상황에 따라서 어떻게 달라지는지를 보겠습니다.

Direct Prime은 맥도날드 이야기를 했을 때 맥도날드의 인지도가 얼마나 증가하는지를 측정한 수치입니다. '맥도날드는 레스토랑입니다'와 같은 중립적인 메시지를 주었을 때, 인지도는 어떻게 변할까요? 맥도날드는 74%에서 81%로 상승했습니다. 이 정도의 증가는 통계적으로 유의미하다고 볼 수는 없습니다. 맥도날드는 기존의 인지도가 높기 때문에 광고를 들었을 때 인지도 변화가 크지 않았습니다.

메이저 카테고리의 마이너 브랜드인 웬디스는 광고를 하면 인지도가 32%에서 65%로 2배 증가했습니다. 인지도가 낮기 때문에 광고를 하면 인지도가 높아집니다. 마이너 카테고리의 메이저 브랜드인 서브웨이는 28%에서 77%로 3배 가까이 증가했습니다. 마이너 카테고리의 마이너 브랜드인 조샌드위치는 13%에서 58%로 4배 증가했습니다. 그러니까 메이저 카테고리의 메이저 브랜드를 제외한 나머지 브랜드는 광고를 했을 때, 인지도 상승의 효과를 볼 수 있습니다.

*

## 남이 광고를 해도 내 브랜드가 이득

Indirect Prime은 경쟁자가 광고했을 때, 나에게 어떤 일이 벌어지는가를 조사한 항목입니다. 웬디스가 광고하면 맥도날드에 벌어지는 일을 보는 겁니다. 또 맥도날드가 광고했을 때 웬디스의 인지도 변화를 보는 겁니다. 결과를 보면 웬디스가 광고를 해도 맥도날드의 인지도는 거의 상승하지 않습니다. 반대로 맥도날드가 광고해도 웬디스의 인지도에는 큰 변화가 없습니다. 그런데 조샌드위치가 광고를 하면 서브웨이의 인지도는 3배 상승합니다. 재미있는 사실은 서브웨이가 광고해도 조샌드위치의 인지도는 높아지지 않는 것입니다.

정리하면 카테고리에서 1등이 되면 자기 브랜드를 광고해도 인지도는 거의 상승하지 않습니다. 그런데 메이저 카테고리의 마이너 브랜드는 자기가 광고를 하든, 경쟁사가 광고를 하든 인지도에 변화가 없습니다. 어떻게 해도 효과가 없습니다.

그런데 마이너 카테고리에서 1등을 했을 때는 어떤가요? 자기가 광고를 해도 효과를 보고, 경쟁사가 광고를 해도 효과를 보게 됩니다. 그래서 카테고리를 나눠서 새로 생긴 카테고리에서 최초가 된 브랜드는 이름을 알릴 수 있는 확률도 훨씬 높고, 경쟁자가 광고를 해도 그 효과를 볼 수 있게 됩니다. 서브타이핑을 하는 것이 왜 중요한지 아시겠죠?

*

## 선택은 어떻게 움직일까요?

그런데 마케팅 측면에서 더 중요한 효과가 있습니다. 인지도가 아니라 어떤 것을 선택하는가, 선택률Choice을 보는 겁니다. 광고 활동을 전혀 하지 않은 상황에서 선택률은 맥도날드가 18%, 웬디스가 10%, 서브웨이가 5%, 조샌드위치가 4%입니다.

그런데 자기 브랜드를 광고했을 때 선택률은 어떻게 될까요? 맥도날드가 광고를 하면 선택 비율이 18%에서 36%로 증가합니다. 시장에서 메이저 카테고리의 메이저 브랜드는 광고를 해도 인지도가 높아지지는 않지만, 선택 비율은 높아집니다. 이마트니 맥도날드가 광고를 한다고 인지도가 더 올라가지는 않지만, 더 많은 고객이 이마트나 맥도날드를 선택한다는 겁니다. 그래서 1등 브랜드도 광고를 해야 하는 겁니다. 만약 1등 브랜드라고 광고를 하지 않으면 시간이 지나도 인지도는 떨어지지 않겠지만, 고객의 선택률은 떨어지게 됩니다.

메이저 카테고리의 마이너 브랜드는 어떨까요? 광고를 해도 인지도가 안 오르고, 선택도 늘지 않습니다. 그런데 마이너 카테고리의 메이저 브랜드인 서브웨이는 직접 광고를 했을 때 선택률이 6배나 늘어나는 걸 알 수 있습니다. 조샌드위치는 선택률이 증가하지 않았습니다.

그러면 내가 광고했을 때 다른 브랜드의 선택률은 어떻게 변할까요? 맥도날드가 광고를 해도 웬디스의 선택률은 증가하지 않았습니다. 마찬가지로 웬디스의 광고도 맥도날드의 선택률에 영향을 주지 않았습니다.

그런데 인지도 조사와 마찬가지로 조샌드위치가 광고를 하면 서브웨이의 선택률이 증가합니다. 반면 서브웨이가 광고를 한다고 해도 조샌드위치의 선택률은 증가하지 않습니다.

결과적으로 네둔가디의 연구를 통해서 우리가 확실하게 알 수 있는 것은 서브타이핑, 즉 카테고리를 나누는 것의 효과입니다.

카테고리를 나누는 서브타이퍼가 되고,
그중에서 메이저 브랜드가 되면,

내가 광고를 했을 때
내가 효과를 보는 것은 기본이고,
남이 광고를 해도 그 효과는
내가 누릴 수 있다는 것입니다.

그래서 우리에게 필요한 전략은
카테고리를 나누는 것입니다.

광고비,
도대체 얼마를 써야 할까요?
언제 써야 할까요?

.

.

.

# 이것만 알면
# 2등한테 먹히지 않습니다.

# 20.
# 광고비 집행 전략
Ad Spending

마케팅 계획을 세우면서 가장 고민되는 부분이 무엇일까요? 여러 가지 고민이 있겠지만 그중에서도 비용에 대한 고민이 가장 클 것입니다. 도대체 광고비를 얼마나 써야 할지 감이 오지 않습니다. 그래서 광고비와 관련된 논문을 하나 보려고 합니다. 하버드의 『비즈니스 리뷰』에 소개된 논문인데, 매출액과 광고비에 대한 직관적인 자료입니다.

논문을 보기 전에 먼저 2가지 개념을 알아야 합니다.

SOM(Share Of Market) : 시장점유율
SOV(Share Of Voice) : 광고점유율

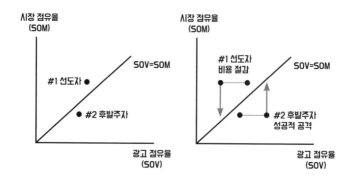

**주요 경쟁자 대비 30% 이상의 비용 지출시 시장 변화**

*

## 광고점유율을 높여라

대부분의 경우 시장점유율과 광고점유율은 안정적인 관계를 보인다고 합니다. 오랜 세월 서로 경쟁하면서 어느 정도 타협이 이루어진 결과입니다. 예를 들어 벤츠와 BMW가 '우리 이 정도 선에서 끝냅시다'라고 암묵적인 합의가 이루어진 상태라는 겁니다. 그래서 위의 그래프에서 보듯 대각선을 중심으로 광고점유율과 시장점유율이 안정적으로 유지된다는 겁니다.

그런데 이런 안정적인 구도를 누가 먼저 깨려고 하겠습니까? 2등, 후발주자가 깨려고 합니다. 선두에 있는 브랜드가 굳이 먼저 공격할 필요는 없습니다. SOV(광고점유율)는 상대가 쓴 광고비와 내가 쓴 광고비의 비율을 말합니다. 만약 벤츠가 60억, BMW가 40억을 썼다면, 광고점유율은 벤츠가 60%, BMW가 40%입니다.

이 상황에서 BMW가 광고비를 늘리면 어떻게 될까요? 메시지는 중립적인 메시지로 통제한 상태에서 2등 브랜드가 광고비만 늘려버리는 겁니다.

BMW가 광고비를 40억에서 80억으로 늘리고, 벤츠는 그대로 60억인 상황입니다. 그러면 BMW의 광고점유율은 전체 140억 중 80억이 되므로 약 60%로 늘어났습니다. 벤츠는 광고비를 늘리지 않았으니까 광고점유율은 줄어들게 됩니다. 이 상태가 지속되면 시상점유율 역시 역전됩니다.

이 연구의 목적은 'BMW는 좋은 차입니다', '벤츠는 좋은 차입니다' 정도의 같은 메시지를 주고, 광고비의 점유율만 늘렸을 때, 시장점유율을 보는 겁니다. 그 결과 광고점유율이 증가하면, 광고점유율의 변화에 따라 시장점유율이 따라가는 것을 볼 수 있었습니다.

*

## 아이오와 주의 맥주 전쟁

실제로 그럴까요? 다음 그래프는 1985년부터 1987년까지 미국 아이오와 주의 맥주 시장점유율입니다. 1985년도에는 파브스트Pabst가 47%, 올드밀워키Old Milwaukee가 42%, 부쉬Busch는 2~3%의 점유율을 차지하고 있었습니다. 당시 아이오와 주의 맥주 시장은 파브스트와 올드밀워키가 양분하고 있었던 겁니다.

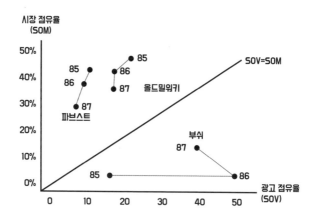

그런데 이 상황에서 부쉬가 시장을 공격했습니다. 1년 동안 광고비를 늘려버린 겁니다. 부쉬가 광고점유율을 늘렸지만, 파브스트와 올드밀워키는 별다른 대응을 하지 않았습니다. 그 결과 시장점유율이 조금씩 변하기 시작했고, 1년이 지난 후 부쉬의 시장점유율은 17%까지 상승했습니다. 반면 파브스트와 올드밀워키의 시장점유율은 각각 28%와 33%로 떨어졌습니다. 시장점유율이 40% 이상의 격차를 보이던 상황에서 1년 6개월 만에 그 격차가 10%대로 좁혀진 것입니다.

*

## 1등이 2등에게 지는 이유

이제 앞에서 배운 시장 위치와 연관 지어 광고비 전략을 생각해보면 어떨까요? 서브웨이 기억하시죠? 마이너 카테고리의 메이저 브랜드였죠. 마이너 카테고리의 메이저 브랜드가 되어서 광고점유율을 늘리면 광고비 효율성이 월등히 높아집니다.

그러면 카테고리의 1등 브랜드는 어떻게 해야 할까요? 경쟁자가 광고비를 늘리면 광고점유율이 동일하게 유지될 수 있도록 1등 브랜드도 광고를 해줘야 합니다. 과거에는 BMW가 1등이었는데 지금 벤츠한테 시장점유율을 조금 빼앗겼습니다. 이때 벤츠가 광고비를 늘리면 BMW도 그대로 받아줘야 하는 겁니다. 이 연구에 따르면 주요 경쟁자보다 광고점유율이 30% 벌어지면 시장점유율이 변한다고 합니다. 그러니 광고점유율에서 밀리면 안 됩니다.

요기요가 광고비를 적극적으로 늘렸는데 배달의 민족이 대응하지 않으면, 시장의 위치는 바뀌어버립니다.

그래서 광고점유율 경쟁에서는 적극적으로 대응하는 것이 원칙입니다.

만일 여러분이 1등이라면,

**쫓아오는 브랜드가 광고비를 늘릴 때
적극 대응해야 합니다.**

만일 여러분이 2등이라면,

**경쟁자가 광고비를 받지 못하는 순간에
광고점유율을 늘려야 합니다.**

2등의 광고비를 받지 못하면 1등과 2등이 바뀌게 됩니다. 경쟁자의 공격을 무시하면 파브스트나 올드밀워키처럼 시장점유율이 떨어집니다. 정보처리의 양이 30% 이상 차이가 나기 시작하면 소비자들의 선택은 바뀌게 되어 있습니다.

부쉬가 LA 시장에 진입했을 때, 당시 LA의 맥주 시장 리더는 밀러였습니다. 부쉬가 아이오와에서 했던 방법대로 광고비를 늘렸습니다. 하지만 밀러는 이미 알고 있었기에 부쉬와 똑같이 광고비를 늘렸습니다. 결국 3년 동안 양쪽 다 광고비만 쓰고 시장점유율의 변화는 없었습니다. 그리고 부쉬와 밀러는 적당한 선에서 광고율 경쟁을 멈췄습니다.

다음 데이터는 제가 1997년 우리나라 통신 시장에 이 연구를 그대로 적용해서 했던 작업입니다. 당시 016, 018, 019 등 신규 이동통신 사업자가 생기면서 광고점유율을 늘리기 시작했습니다. 이때 011이 경쟁사들의 광고비를 받지 않았다면 1등 자리를 지키지 못했을 겁니다. 011은 140억 원의 광고비를 쓰기로 결정했고, 이때 나온 광고 카피가 "기지국이 몇 개예요?"였습니다.

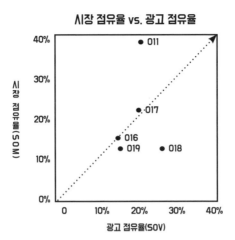

시장 점유율 vs. 광고 점유율

| | O11 | O17 | O16 | O18 | O19 |
|---|---|---|---|---|---|
| **7 SOV** | 1888 32% | 1246 21% | 859 14% | 1918 32% | 21 0% |
| **8 SOV** | 889 13% | 1200 17% | 968 14% | 2076 30% | 1796 26% |
| **9 SOV** | 2191 21% | 2279 22% | 1811 17% | 2261 21% | 1973 19% |
| **광고비 TOTAL SOV(월)** | 4968 21% | 4725 20% | 3638 16% | 6255 27% | 3790 16% |
| **SOM(월)** | 15만 38% | 9만 22% | 6만 15% | 5만 13% | 5만 13% |

이제 광고비를 어떻게, 얼마나 써야 하는지 감이 오나요?

여러분이 1등인지 아니면 2등인지에 따라서 광고비 집행 전략도 달라져야 합니다.

적당히 낯설고,
적당히 공감이 되면

소비자들은 선택합니다.

# 21.
# 낯섦과 공감대의 법칙
Moderately Incongruity Effect

지금까지 살펴본 내용을 토대로 여러분의 비즈니스가 성공하려면,

시장 이원화Subtyping를 하고
거기에서 1등 브랜드가 되어야 하며,
광고점유율SOV을 적정한 선에서 유지해야 합니다.
그리고 소비자의 선택을 유도하기 위해서
경쟁력 있는 나만의 휴리스틱이 필요합니다.

그러면 경쟁력 있는 나만의 휴리스틱을
만드는 기준이 무엇일까요?

바로 낯섦과 공감대의 법칙입니다. 무언가를 이야기했을 때 그 내용이 낯설기도 하면서, 가만히 생각해보면 말이 되는 것, 이 것이 바로 의미 있는 휴리스틱을 결정하는 중요한 내용입니다.

## 낯섦과 공감대

다음의 4개 영역에서 가장 좋은 건 1번입니다. 낯섦도 높고 공감대도 높은 영역, 성공하는 브랜드들의 특징입니다. 두 번째로 중요한 포인트는 2번입니다. 공감대가 높고, 낯섦이 낮은 영역인데, 공감대와 낯섦, 둘 중 하나를 택한다면 공감대를 택하는 것이 더 좋습니다. 기존에 알고 있던 것으로부터 낯섦을 유도하는 것이 비즈니스 아이디어를 내는 첫 번째입니다.

|  | 공감대가 낮음 | 공감대가 높음 |
|---|---|---|
| 낯섦이 높음 | 3 | 1 |
| 낯섦이 낮음 | 4 | 2 |

여러 분야의 사람들을 만나다 보면, 직장에 다니는 사람들은 하나같이 "결국 사업밖에 없는 것 같습니다"라는 말을 합니다. 그런데 어떻게 사업을 시작해서 소비자들의 선택을 받을 수 있을까요? 어떻게 하면 웬디스나 조샌드위치가 안 되고, 서브웨이가 될 수 있을까요? 바로 공감대로부터 시작해야 합니다. 내가 잘하는 것에서 조금 더 발전시켜서 소비자에게 익숙하면서도 낯

설다는 느낌을 주면 소비자는 선택을 하게 됩니다.

## 중간 불일치 효과

그래서 낯섦과 공감대라는 포인트를 증명하는 「중간 불일치 효과Moderately Incongruity Effect」라는 논문을 보겠습니다. 말 그대로 적당히 불일치하는 것들의 효과를 다룬 논문입니다. A라는 사람이 어떤 행동을 해야 선호도가 높아지는지를 연구했는데, 결론은 적당히 불일치하는 행동을 하라는 겁니다. 그러면 우선 정보처리의 양이 증가하고, 두 번째로 선호도가 높아집니다.

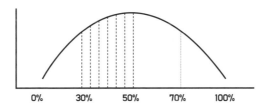

**정보처리 양 / 선호도**

A. 기존 제품과 매우 유사
B. 기존 제품과 중간 수준으로 상이
C. 기존 제품과 매우 상이

연구에서는 카메라 시장의 사례를 들었습니다. 사람들이 알고 있는 카메라의 속성을 어디까지 변화시켜야 사람들의 정보처리 양이 증가하고, 선호도가 높아지는지를 추적한 것입니다. 그 결과를 그래프로 나타내면 뒤집어진 U커브가 됩니다. 원래 알고 있던 카메라의 속성으로부터 점점 차이점을 두는데, 차이가 너무 심해지면 사람들이 거부 반응을 보입니다. '저건 카메라가 아니라 이상한 물건'이라고 생각하게 되는 겁니다.

기존 제품에서 일정 수준을 벗어나면 사람들은 거부감을 느낍니다. 그러면 일정 수준이라는 건 어느 정도일까요? '이거 같기도 하고 저거 같기도 한 상태'를 말합니다. 자동차 같기도 하고 비행기 같기도 한 것, 치마 같기도 하고 바지 같기도 한 것, 이런 상태가 사람들이 호기심을 느끼는 최대치입니다. 여기서 벗어나면 이상하게 생각한다는 거죠.

흔히 '알쏭달쏭하다'라는 표현을 씁니다. 이 알쏭달쏭한 상태가 바로 낯섦과 공감대의 최대치가 됩니다. 알쏭달쏭한 상태에서 사람은 종결 욕구를 느낍니다. '저 물건이 뭐지? 저 사람이 하는 말이 도대체 뭐지?'라고 생각하며 마무리 짓고 싶은 욕구가 생깁니다. 그래서 정보를 더 찾게 되고, 그 결과 새로운 것이라는 확신이 들면 새로운 시장 영역이 생기는 겁니다. 기존의 것과 적당히 다르면서도 비슷한 영역, 이 영역에 소비자들이 매력을 느끼는 것을 바로 중간 불일치 효과라고 합니다.

여러분이 새로운 비즈니스를 준비한다면 기존의 것과 비슷하면서도 다른 듯한 상태, 혹은 이걸 어느 범주에 넣어야 할지 고민이 되는 부분이 있을 겁니다. 이 부분이 바로 욕망 가득한 시장에 새로운 대안을 제시하는 포인트입니다. 리서치인 것 같으면서 공부하는 것 같기도 하고, 운동인 것 같으면서 노는 것 같기도 하고, 그럼 "놀면서 공부하세요"라고 말할 수 있는 지점이 바로 비즈니스 포인트가 됩니다.

*

### 그림을 그린 논

중간 불일치 효과, 즉 이것 같기두 하고 저것 같기도 한 상황의 예를 한번 보겠습니다. 바로 일본의 이나카다테라는 마을에서 벌어진 일입니다. 오래됐지만 상당히 유명한 사례입니다.

이나카다테 마을의 농부들이 어떻게 하면 자신들의 지역에서 생산한 쌀을 더 널리 알릴 수 있을까를 고민했습니다. 그때 미

술을 전공한 학생들이 마을에 농촌활동을 오게 됩니다. 미대 학생들도 함께 고민을 하던 중, 한 학생이 문득 논을 보고 캔버스를 떠올렸습니다. 캔버스에 그림을 그리듯이 논에 색깔별로 쌀을 심으면 어떨까?

쌀에는 5가지 색이 있다고 합니다. 5가지 색이면 간단한 그림을 그릴 수 있습니다. 미대 학생들은 논에 줄을 쳐서 각각 어떤 색의 쌀을 심을지 표시를 해두었습니다.

위 사진은 첫해에 가꾼 논의 모습인데 "이나카다테로 오세요"라는 문구가 새겨져 있습니다. 이후 이런 방법으로 논에 그림을 그렸습니다.

두 번째 해부터는 다양한 그림을 논에 구현했습니다. 관세음보살을 그리기도 하고, 만화 주인공이나 신화 속의 신을 그리기도 했습니다. 최근에는 더 발전해서 논을 동영상처럼 보이도록 만들었습니다. 논에 바람이 불면 벼가 물결치면서 나루토가 뛰어가는 장면이 나옵니다.

그러자 관광객들이 몰려들기 시작했습니다. 그런데 논은 캔버스보다 넓기 때문에 그림을 제대로 보려면 높은 곳으로 올라가야 할 겁니다. 그래서 논을 한눈에 내려다볼 수 있도록 전망대를 만들고, 스마트폰 앱을 만들었습니다. 앱을 실행하고 논의 사진을 찍으면 쌀의 종류와 특징을 알려주는 겁니다.

　　여기서 끝이 아니라 그 자리에서 바로 쌀을 주문할 수도 있습니다. 직접 가져갈 수도 있고, 배송을 요청할 수도 있습니다. 재미있는 논도 구경하고, 쌀에 대한 정보는 물론 쇼핑과 배송까지 한 번에 해결할 수 있게 되는 겁니다.

　　논이지만 논이 아닌 것 같기도 하고, 그림이지만 그림이 아닌 것 같기도 한 중간 불일치의 효과가 사람들의 호기심을 불러일으켰습니다. 그 결과 사람들이 관심을 가지기 시작했고, 여기에 편의성까지 더해지면서 이나카다테의 쌀은 인기 있는 제품이 되었습니다.

여러분이 지금 구상하고 있는
비즈니스는 어떤가요?

기존에 없던 낯선 느낌을 주나요?
사람들의 공감대를 불러일으키나요?

적당한 낯섦과
공감대를 자극할 때

소비자들은
당신의 비즈니스에
관심을 갖게 됩니다.

# 0.02mm

이 작은 차이가 세계시장 점유율 50%의
1등 기업을 만듭니다.

# 22.
# 디테일의 경쟁 전략
## God is in Detail

**"신은 디테일에 있다(God is in Detail)."**

루트비히 미스 반 데어 로에Ludwig Mies van der Rohe라는 유명한 건축가가 한 말입니다. 디테일의 중요성을 강조한 말입니다. 초기의 아이디어도 중요하지만 진짜 중요한 것은 아이디어를 실현해주는 디테일에 있습니다.

성공한 사람의 비결은 결국 디테일입니다. 자녀를 키우는 것과도 같은데, 아기를 낳기만 한다고 다 끝나는 게 아닙니다. 입히고 먹이고, 공부도 시켜야 하고, 손이 엄청 많이 갑니다. 그리고 이 모든 것을 어떻게 하느냐에 따라서 아이의 인생이 달라집니다. 엄청난 디테일이 들어가는데, 비즈니스도 마찬가지입니다.

*

## 0.02mm의 디테일

우리나라에서 생산하는 제품 중 전 세계에서 시장점유율 50%를 자랑하는 제품이 있습니다. 바로 777 손톱깎이입니다. 매년 1억 개씩 팔리고 있고, 외국인이 한국에 오면 반드시 구입하는 제품 1위가 바로 이 손톱깎이입니다. 777 손톱깎이에는 어떤 디테일이 숨어 있을까요?

777 손톱깎이를 만든 창업주의 절대 원칙이 손톱을 깎을 때 '딱' 하는 소리가 나는 것입니다. 소리가 안 나면 손톱이 깔끔하지 않고 갈라지게 됩니다. 그래서 '딱' 소리가 777 손톱깎이의 핵심입니다.

이 소리를 위해서 수많은 테스트를 했고, 그 결과 손톱깎이의 아랫날을 윗날보다 0.02mm 더 길게 설계했습니다. 이렇게 해야 소리도 경쾌하고, 손톱을 깎는 느낌도 좋다고 합니다. 그리고 손톱의 절삭 면이 손톱 안쪽 살점을 향하도록 해서 손톱을 매끄럽게 깎을 수 있다고 합니다.

이런 디테일의 결정적 요소가 바로 0.02mm 긴 아랫날입니다. 0.02mm, 육안으로는 잘 보이지 않는 이 작은 차이가 세계 시장에서 50%의 점유율을 기록하는 결정적 요소로 작용한 겁니다. 이게 바로 디테일의 힘입니다.

*

## 마이크로 스튜디오의 전략 설계

그러면 비즈니스를 시작한다고 했을 때, 어떤 식으로 계획을 세우고 접근할 것인지를 제가 상담했던 브랜드를 예로 들어 이야기해보겠습니다. '마이크로 스튜디오'라는 곳인데, EMS라고 하는 전기자극 장치를 이용해서 운동을 하는 곳입니다. 저주파 전류를 통해 근육에 자극을 주어 몸의 균형을 잡아주는 운동입니다. 이미 독일 등에서는 100m마다 EMS 운동을 하는 체육관이 있을 정도로 대중적이고, 우리나라에서는 이제 시작된 운동입니다.

마이크로 스튜디오는 우리나라 시장에 먼저 들어온다고 들어왔는데, 카피 브랜드들이 계속 생기는 문제가 있었습니다. 일반적인 근육운동을 하는 체육관들이 메이저 카테고리의 메이저 브랜드라면, 마이크로 스튜디오는 마이너 카테고리의 메이저 브랜드가 되어야 합니다. 그런데 다른 유사 브랜드들이 우후죽순 생기면서 마이너 카테고리 안에 있는 메이저 브랜드의 입지를 흔들 수 있습니다.

*

## 20분 운동, 6시간 효과

EMS는 NASA(미국항공우주국)에서 처음 개발했습니다. 우주 공간에서는 운동을 할 수가 없기 때문에 근육이 손실될 수 있습니다. 이것을 막기 위해 만든 우주인을 위한 운동 처방입니다. 특히 복부와 허벅지에 효과가 최고라고 합니다.

EMS 운동이 매력적인 이유는 20분만 저주파 운동을 해도 일반적인 운동 6시간의 효과를 볼 수 있기 때문입니다. 이게 마이크로 스튜디오가 내세운 약속 중 하나인데, 바쁜 현대인에게 알맞은 운동이라고 볼 수 있습니다. 비용 역시 일반 헬스클럽에서 하는 개인 트레이닝 비용과 비슷합니다. 여러 가지 장점이 있는데 어떻게 유사 브랜드들을 물리치고 서브타입Subtype 시장을 만들어서 1등 브랜드가 될 수 있느냐가 문제입니다.

제가 생각할 때 우선 고민해볼 점은 다음과 같습니다.

1.  핵심 콘셉트가 명확해야 합니다. 소비자들에게 무엇을 전달할지를 결정해야 합니다.
2.  핵심 콘셉트가 명확해지면 이 핵심 능력을 전달하는 데 브랜딩이 명확한지, 나머지 요소들은 제대로 갖추어져 있는지, 카테고리는 무엇으로 만들 것인가를 해결해야 합니다.

\*

## 시장의 규모, 채용 이론

자세히 들어가기에 앞서서 시장의 규모를 먼저 가늠해봐야 합니다. 전체 인구 중에서 운동이 필요하다고 생각되는 사람들, 나이도 조금 있고 운동이 필요한데 운동을 못하고 있는 사람을 대략 2500만 명으로 잡았습니다. 그중에서 EMS 운동이 가능한 사람을 1500만 명 정도로 잡았습니다. 이 1500만 명을 기준으로 시장 규모를 생각해보겠습니다.

미국의 사회학자인 에버릿 로저스Everett Rogers의 채용Adoption 이론에 따르면 새로운 제품이나 매력적인 디자인이 나왔을 때 처음 반응하는 혁신 계층이 2.5%라고 합니다. 그러면 37만 5000명의 혁신 계층이 나오게 됩니다. 혁신 계층이 움직이고 나면 초기 다수 집단이 움직입니다. 흔히 말하는 얼리 어답터Early Adopter 그룹인데, 이들의 비중이 14.5%라고 합니다. 그러면 217만 5000명 정도가 됩니다.

이 사람들이 일주일에 두 번씩 EMS 운동을 한다면 들어가는 비용은 10만 원입니다. 20주 운동을 한다고 계산했을 때, 혁신 계층만 움직여도 EMS 운동 시장은 7500억 원입니다. 얼리 어답터들이 움직이면 4조 3000억 원입니다. 혁신 계층과 얼리 어답터 그룹만 합쳐도 5조 원 규모의 시장이고, 이 중 1%만 EMS 운동을 해도 500억 원입니다.

'겨우 1%인데 그걸 못 잡을까'라는 생각이 들 수 있습니다. 그런데 어떻게 잡으실 건가요? 핵심 콘셉트는 무엇인지, 브랜딩은 어떻게 하고, 고객과의 약속은 무엇으로 할 것인지, 서브타입 시장은 어디로 설정하고, 휴리스틱은 무엇인지, 디테일은 어떻게 만들어갈 것인지를 정해야 합니다.

특정 시점에서의 판매는 브랜드를 얼마나 많은 사람들이 알고 있는지, 얼마나 많은 사람들이 접근 가능하며, 그중에서 몇 명이 시도를 하고, 또 그중에서 몇 명이 구매를 반복하느냐에 따라 진행하게 됩니다. 5조 원 규모의 시장에서 몇 명이 알고 있고, 몇 명이 접근 가능하며, 몇 명이 시도할지, 몇 명이 재구매할지를 구체적으로 따져보는 겁니다.

*

## 어떻게 1등을 만들 것인가

제 강의에 참여하신 분들에게 마이크로 스튜디오에 대해 물어본 적이 있습니다. 50명 중에 15명 정도가 마이크로 스튜디오를 알고 있었고, 그중 5명이 경험한 적이 있었습니다. 그리고 경험해본 5명 중에서 1명이 재구매를 했습니다. 그러면 어쨌든 30% 정도가 이름을 알고 있는 셈이니 브랜드 이름에서는 문제가 없습니다. 중요한 것은 마이크로 스튜디오가 어떤 브랜드로 기억되는가입니다.

$$\text{Sales}_{(t)} = \text{Aw. Av. Tr. Rp}$$

1. **Aw: Aware(인지도, 이해도)**
2. **Av: Availability(구매 용이성)**
3. **Tr: Trial Pur(시험 구매율)**
4. **Rp: Repeat Pur(재구매율)**

포털사이트에서 EMS를 검색했을 때 마이크로 스튜디오가 결과에 나오지 않았습니다. 카테고리를 EMS로 설정했다면, 제일 먼저 할 일은 EMS 카테고리에 마이크로 스튜디오가 앞에 나오게 하는 겁니다. 현재 마이크로 스튜디오는 일반 대중, 적어도 온라인 검색에서는 인지도가 매우 낮은 상태입니다. 인지도가 0에 가깝기 때문에 나머지는 아무리 커져도 값이 다 낮아질 수밖에 없습니다.

그래서 첫 번째로 해야 할 일이 카테고리를 정하는 것입니다. EMS 카테고리로 갈 것인지, 아니면 다른 카테고리로 갈 것인지를 정하고, 이름을 알리는 일을 해야 합니다. 그리고 카테고리에서 1등이라는 휴리스틱을 만들어야 합니다.

그러면 1등이라는 휴리스틱은 어떻게 만들까요? 바로 사회적 증거Social Evidence를 확보하는 것이 중요합니다. 즉 '누가 하고 있더라', '저 사람도 하고 있으니 나도 해야지' 같은 이야기를 만드는 것입니다.

다이어트 시장에서 사회적 증거를 가장 잘 만드는 브랜드는 쥬비스입니다. 예전의 다이어트 제품 광고는 단순했습니다. 제품을 사용 전후를 비교해서 보여주는 것이 전부였습니다. 그런데 쥬비스가 이런 광고를 고급스럽게 바꿨습니다.

마이크로 스튜디오 역시 쥬비스의 마케팅을 자신들의 내용에 알맞게 적용해서 자기 스타일로 풀어내야 합니다. 사람들이 EMS에 대해서 '남들이 다 하는 거구나'라고 생각할 수 있게끔 만들어야 합니다.

한 가지 더 고민한다면 기대치와 실제 결과의 관계입니다. 지금 마이크로 스튜디오, 넓게는 EMS 비즈니스의 가장 핵심적인 메시지는 20분만 운동해도 6시간의 운동 효과를 본다는 것입니다. 그런데 실제로는 그렇지 않다는 후기들이 온라인에 많습니다. 결국 기대치만 높고 성과가 낮아 네거티브가 생기게 되는 겁니다. 매력적인 메시지이지만 실제 결과와 차이가 크다는 평이 많다면 그 내용을 조정할 필요가 있습니다.

그리고 혁신 계층과 얼리 어답터들에게 SOV를 가져와야 합니다. 먼저 체험해본 사람들이 입소문을 내도록 해야 합니다. 이런 과정을 꾸준히 거치면 어느 순간에 서브타이핑을 통해 독립적인 시장을 형성할 수 있습니다.

1. 압도적 우위
2. 한계적 우위
3. 동등한 위치
4. 인식상의 열위
5. 실질적 열위

.

.

.

여러분은 지금 어디에 위치해 있나요?


유니버설 스튜디오가 디즈니랜드와 맞서는 방법,
6배나 비싼 스타벅스 커피가 잘 팔리는 이유,
이 안에 여러분의 비즈니스에 대한 해답이 있습니다.

# 23.
# 5가지 시장 지위와 경쟁 전략
## 5 Market Status

지금까지 경쟁 전략에 대해서 살펴보았습니다. 이 경쟁 전략을 조금 확장하면, 시장에서 경쟁 위치는 5가지로 구분됩니다. 5가지 중에서 여러분의 회사, 브랜드가 어디에 위치해 있느냐에 따라서 전략은 달라집니다. 각각의 위치에 따른 전략을 실제 기업의 사례를 통해서 알아보겠습니다.

*

## 5가지 시장 지위와 전략

### 1. 압도적 우위Obvious Superiority

압도적 우위란 사람들이 인식하기에도 우위에 있으며, 매출도 우위이고, 자본금도 많고 실제 마케팅 능력도 경쟁자보다 더 좋은 상태, 한마디로 모든 면에서 우월한 브랜드입니다.

여기에 해당하는 브랜드는 소비자의 잠재 욕구를 개발해야 합니다. 구글, 애플, 아마존 같은 기업들이 여기에 해당하는데, 우리가 보통 선도자First Mover라고 부르는 기업들입니다. 압도적 우위 상태의 기업들은 시장의 끝까지 와 있는 것이므로 고객의 잠재적 욕구를 파악해야 합니다. 시장에서 아직 발견되지 않은 결핍이나 문제점을 찾아서 해결하고, 그것을 통해 새로운 시장과 매출을 창출하는 겁니다.

### 2. 한계적 우위Marginal Superiority

한계적 우위는 모든 면에서 우위에 있는 것은 아니지만, 이것만큼은 우위에 있다고 할 수 있는 상태입니다. 대부분의 경우 약간의 경쟁 우위에 있는 브랜드들입니다.

전부는 아니지만 이것 하나만큼은 우리가 최고라고 자부할 수 있는 브랜드, 그래서 그 장점을 극대화하는 전략이 필요합니다. 근소한 물리적 차이를 주된 심리적 차이로 확대하는 겁니다. 이걸 인지심리학에서는 프레임Frame이라고 합니다. 내가 가진 장점으로만 세상을 보게 하는 겁니다.

### 3. 동등한 위치Parity

경쟁자와 우열을 가릴 수 없는 상태의 브랜드입니다. 경쟁자가 더 나은지는 알 수 없지만 그렇다고 내가 더 나은지도 확신할 수 없는 상태입니다.

만약 여러분의 브랜드가 경쟁자와 비슷한 위치일 경우 택할 수 있는 전략은 선점 또는 이입입니다. 카테고리 내에서 사람들의 욕망을 먼저 가져가는 것이 선점입니다. 그런데 선점을 하지 못했을 경우에는 나한테는 없지만 다른 곳에 있는 개념을 나에게 이입하는 겁니다. 패션, 감각적인 제품이나 기호품 등이 이입이 잘됩니다.

### 4. 인식상의 열위Perceived Inferiority

브랜드나 제품의 내용은 좋은데 소비자들이 몰라주는 경우입니다. 이 경우에는 제품에 자신이 있기 때문에 의견 선도자들을 잡아야 합니다. 그들을 통해 입소문이 나도록 하는 겁니다.

### 5. 실질적 열위Real Inferiority

가장 힘든 위치에 있는 브랜드로 실력, 돈, 고객 등 아무것도 없는 상태입니다. 이런 경우에는 어떤 것을 해도 잘되지 않습니다.

실질적 열위의 브랜드는 경쟁자보다 우위에 있는 것이 없습니다. 그때 택할 수 있는 전략은 바로 경쟁자의 약점을 공격하는 것입니다.

*

## 시장의 숨겨진 욕망을 찾아서

압도적 우위의 기업의 예로 구글이 있습니다. 구글은 얼마 전 알파고AlphaGo라는 인공지능 시스템으로 바둑 세계를 깜짝 놀라게 했습니다. 이후 인공지능 기술을 이용한 인공지능 번역기를 출시했습니다. 번역의 결과물이 이전의 번역기와는 수준이 다릅니다.

이처럼 시장에서 압도적 우위에 있는 이른바 리더들은 숨겨진 욕망을 잘 찾아내야 합니다. 숨겨진 욕망을 찾아서 해결하고 '역시 구글이야', '역시 애플이야', '역시 아마존이야'라고 사람들이 감탄하게 만들어야 합니다.

세계적인 기업의 예를 들었지만, 작은 시장에서의 리더도 마찬가지입니다. 샘표는 간장 시장에서 리더입니다. 그러면 샘표는 간장 시장에서 소비자의 숨겨진 욕망을 탐색해야 합니다. 사람들이 점점 더 정교한 발효 제품을 원하고 있다는 것을 파악하고, 발효 제품을 양념이나 조미료뿐만이 아니라 샴푸, 세정제 등 다양한 분야에 사용할 수 있음을 보여주는 겁니다. 발효를 통해 할 수 있는 것 중 숨겨진 욕망을 계속 탐색해나가는 겁니다. 그것이 리더입니다.

여러분, 대장 원숭이는 어디서 잠을 잘까요? 원숭이 사회는 위계질서가 엄격합니다. 그래서 잠도 아무 곳에서나 잘 수가 없습니다. 2등 원숭이, 3등 원숭이 등 각자의 서열에 따라 자는 곳이 정해져 있습니다. 그곳을 벗어나면 상위 원숭이에 대한 도전으로 받아들여집니다. 그런데 대장 원숭이는 자는 곳이 정해져 있지 않습니다. 자기가 자고 싶은 곳에서 잡니다. 이게 리더의 효과입니다. 리더가 어디로 가는지는 정해져 있지 않습니다. 시장의 잠재 욕구를 발견하는 쪽으로 향합니다.

*

## 영화 속으로 들어오세요

한계적 우위에 있는 브랜드는 어떻게 해야 할까요? 사실 비즈니스를 하고 있는 많은 사람들이 바로 한계적 우위에 속해 있습니다. 이 상황을 극복하려면 내가 가진 근소한 물리적 차이를 심리적 차이로 바꾸어야 합니다.

테마파크 시장의 리더는 디즈니랜드입니다. 디즈니랜드가 확고하게 미국 시장을 장악하고 있는 상황에서 유니버셜 스튜디오Universal Studio가 테마파크를 기획했습니다. 하지만 디즈니랜드와 똑같아서는 경쟁력이 없습니다. 유니버셜 스튜디오가 가진 근소한 물리적 차이점은 무엇일까요? 바로 영화를 찍는다는 겁니다.

유니버셜 스튜디오는 영화라는 물리적 차이를 이용해서 그해에 흥행한 영화를 구현해나가기 시작했습니다. 제가 유니버셜 스튜디오를 방문했을 때 영화 〈라이언 일병 구하기〉가 흥행 중이었습니다. 유니버셜 스튜디오가 제작하고 배급한 영화입니다. 그래서 당시 유니버셜 스튜디오는 〈라이언 일병 구하기〉가 메인 테마였습니다. 영화 세트장과 똑같은 분위기로 테마파크를 꾸몄습니다.

영화를 실제로 체험하도록 구현하고 나니까 유니버셜 스튜디오에는 어른들이 찾아오기 시작했습니다. 디즈니랜드는 어린이를 위한 테마파크, 유니버셜 스튜디오는 어른을 위한 테마파크가 되었습니다. 내가 본 영화를 실제로 체험할 수 있는 곳입니다. 영화를 구경만 하는 것이 아니라 영화 속으로 들어갈 수 있는 곳이 바로 유니버셜 스튜디오입니다. 유니버셜 스튜디오가 이용한 근소한 물리적 차이는 영화를 제작, 배급한다는 것입니다.

여러분은 어떤 장점을 갖고 있나요? 여러분이 가진 근소한 물리적 차이를 낯섦과 공감대라는 관점에서 찾아야 합니다. 여러분의 장점을 중간 불일치의 관점에서 다양화해서 사람들에게 놀라움을 주는 순간에 비즈니스가 만들어집니다.

*

## 여성 전용

한계적 우위의 또 다른 기업의 사례를 보겠습니다. 커브스Curves 라는 브랜드가 있습니다. 1992년 미국 텍사스에서 시작한 피트니스 클럽으로 7년 만에 진 세계 6000개의 가맹점을 만들었습니다. 6000개 가맹점을 만드는 데 맥도날드는 25년, 서브웨이는 26년이 걸렸습니다. 2005년부터 4시간마다 하나씩 가맹점을 오픈하는 초고속 성장으로 기네스북에 오른 브랜드가 커브스입니다. 2014년 기준으로 전 세계 90개국, 1만 800개 클럽, 430만 명의 회원을 거느린, 세계에서 가장 큰 피트니스 클럽입니다. 더 놀라운 사실은 커브스가 여성 전용 클럽임에도 남성 전용, 남녀 공용을 포함해서 세계에서 가장 많은 회원을 보유하고 있다는 것입니다.

커브스의 근소한 물리적 차이는 바로 '여성 전용'이었습니다. 꾸미지 않고 정돈되지 않은 모습을 남에게 보이고 싶은 여자는 없습니다. 우리는 운동하는 여자를 생각하면 광고 속 모델처럼 예쁘게 차려입고 운동하는 모습을 떠올리지만, 실제로는 그렇지 않습니다. 운동을 하러 갈 때는 꾸미지 않고 가는 거죠. 그런 꾸미지 않은 모습을 남자 트레이너에게 보이는 걸 부담스러워합니다. 그래서 커브스에는 남자 트레이너가 없습니다. 여자들은 후줄근한 모습을 남이 보는 것도 싫지만, 자기가 보는 것도 싫어합니다. 그래서 커브스에는 거울이 없습니다. 거울은 오직 나가는 곳에만 있습니다. 운동을 마치고 단장한 후에 예뻐진 모습만 보라는 의미입니다.

여성 전용이라면 운동 역시 남자들의 운동과는 달라야 합니다. 그래서 근육을 키우는 무산소 운동이 아닌 유압식 기구로만 운동을 합니다. 그리고 운동 횟수를 측정하기 위해서 심박수를 확인합니다. 고객마다 트레이너가 목표 심박수를 정해주고, 정해진 심박수가 되면 그다음 운동으로 넘어갑니다. 기본은 10세트. 한 바퀴 순환운동을 하는 데 30분이 걸립니다. 여성 입장에서는 가격도 저렴하고 운동하기도 편하기 때문에 커브스에 몰리는 겁니다. 근소한 물리적 차이를 주된 심리적 차이로 바꾸어 성공한 경우가 바로 커브스입니다.

*

## 고객이 필요할 때 문을 여는 은행

미국의 커머셜 뱅크도 한계적 우위 상태에서 성공한 경우입니다. 커머셜 뱅크는 은행을 시작하면서 고객의 불편함에 집중했습니다. 은행을 이용하는 고객 입장에서 불편함은 어떤 것이 있을까요? 내가 가려고 하면 은행이 문을 닫는다는 겁니다. 일을 하다가 은행에 볼일이 생겼는데 시계를 보면 4시, 5시입니다. 은행이 문을 닫는 시간인 겁니다. 그래서 커머셜 뱅크는 지점마다 해당 지역의 특성에 맞춰서 영업시간을 조정했습니다. 어떤 곳은 오전 7시부터 오후 4시까지 열고, 어떤 곳은 11시부터 8시까지 영업을 합니다. 쉬는 날도 지역에 따라 다릅니다.

은행의 이름이 커머셜Commercial입니다. 주된 고객은 사업하는 사람들, 장사하는 사람들입니다. 이런 사람들은 은행의 영업시간을 맞추기가 힘드니까, 은행이 고객에게 맞추겠다는 겁니다. '사업하는 사람들이 이용하는 은행'이므로 사업하는 사람에게 맞춘다는 거죠. 목적 중심의 영업 방식을 채택했습니다.

일본의 쓰타야 서점이 이와 같은 경우입니다. 보통의 서점은 책을 문학, 경제, 인문 등의 장르로 분류합니다. 하지만 쓰타야 서점은 장르와 상관없이 음식, 여행 등의 주제로 분류해서 책을 진열합니다.

커머셜 뱅크는 미국 어디를 가도 똑같은 디자인으로 지점을 세웠습니다. 그 지역의 상업 환경에서 사람들이 가장 잘 모이는 공간이 어디인지를 파악합니다. 어떤 공간이 사람들이 가장 잘 모이는 공간일까요? 커머셜 뱅크는 정말 단순하게 생각했습니다. '공간에 대한 고민은 이미 맥도날드가 다 했으니 우리는 고민하지 말자.' 그래서 커머셜 뱅크는 맥도날드 옆에 지점을 세웠습니다. 그리고 맥도날드의 부동산 개발담당 임원을 영입했습니다.

우리나라에서 이와 비슷한 전략을 쓰는 브랜드가 이디야 커피입니다. 이디야 커피는 스타벅스 옆에 가게를 오픈하는 것으로 유명합니다. 스타벅스 옆에 있고 맛은 비슷하면서 가격은 싸다는 장점을 내세웠습니다. 스타벅스가 조금 비싸다고 생각하는 사람들이 이디야로 가는 겁니다. 마찬가지로 이디야도 공간과 상권에 대한 분석은 스타벅스가 이미 다 했다고 생각한 겁니다.

*

## 샤넬의 이미지 선점

시장에서 나의 브랜드가 경쟁자와 동등한 위치일 때는 선점이나 이입을 하는 것이 중요합니다. 감각적인 제품, 상징적인 제품의 경우 특정한 이미지를 선점 또는 이입하는 것이 유리합니다.

샤넬을 보면 제품이나 로고 어디에서도 여성 해방이란 이념을 찾기가 어렵습니다. 샤넬의 여성 해방 이미지는 코코 샤넬 Gabrielle Coco Chanel이란 창업자의 인생 스토리에서 비롯되었습니다. 코코 샤넬이란 여성이 가지고 있는 이미지를 제품에 그대로 가져가서 선점한 성우입니다.

미슐랭 가이드Michelin Guide 역시 마찬가지입니다. 미슐랭 가이드를 만든 건 미쉐린이란 타이어 회사입니다. 타이어 회사에서 자신의 브랜드를 알리기 위해서 만든 것이 바로 미슐랭 가이드입니다. 맛있는 음식점을 고를 때 '미슐랭 별 3개'라고 하면 사람들은 어느 정도 신뢰합니다. 미슐랭 가이드의 높은 신뢰도를 미쉐린 타이어에 이입을 하는 겁니다.

미쉐린 타이어의 미슐랭 가이드보다 더 오래된 것이 기네스북Guinness Book입니다. 기네스북 역시 기네스 맥주를 알리기 위해 만든 것입니다. 실제 제품과는 상관없지만 이미지를 이입하는 방법입니다.

*

## 입소문을 내라

인식상 열위의 브랜드는 의견 선도자를 잡는 것으로부터 시작해야 합니다. 이에 해당하는 대표적인 브랜드가 스타벅스입니다. 스타벅스와 관련된 많은 책들에서 스타벅스의 성공 비결은 '문화 마케팅'이라고 이야기합니다. 하지만 문화 마케팅 이전에 이미 스타벅스는 의견 선도자를 잡는 데 성공했습니다.

스타벅스 1호점의 길 건너편에는 커피 한 잔에 50센트인 가게가 있습니다. 스타벅스는 한 잔에 3달러입니다. 길을 하나 두고 5000원짜리 김치찌개집과 3만 원짜리 김치찌개집이 있는 겁니다. 문화적으로 어떤 마케팅을 해야 소비자들이 5000원짜리를 놔두고 3만 원짜리 김치찌개를 먹을까요? 스타벅스는 문화 마케팅 이전에 의견 선도자를 잡은 겁니다.

의견 선도자들은 남들보다 먼저 무언가를 해보는 것을 좋아하는 사람들입니다. 스타벅스는 1970년대 초에 생긴 브랜드입니다. 당시 미국의 커피점들은 유리로 된 포트에 미리 커피를 내려놓고 고객이 주문하면 컵에 따라주는 방식이었습니다. 미리 커피를 만들어두고 따뜻하게 데워주는 커피입니다. 이렇게 만든 커피는 15분이 지나면 향이 다 날아갑니다. 색은 커피일지 모르지만 맛과 향은 이미 커피가 아닙니다. 운좋게 커피를 내릴 때 맞춰서 간 사람은 향이 풍부한 커피를 마시지만, 15분 뒤에 온 사람은 색만 커피인 따뜻한 물을 마시는 겁니다.

스타벅스는 데워주는 커피를 싫어하는 의견 선도자들을 잡아야겠다고 생각했습니다. 그래서 누구나 방금 내린 커피를 마실 수 있는 방법을 실현했습니다. '언제 오더라도 바로 커피를 내려주는 곳'이 바로 스타벅스입니다. 스타벅스 스타일의 커피머신을 만든 것이 바로 스타벅스의 핵심입니다. 방금 내려서 맛과 향이 풍부한 커피를 마시기 위해서 6배나 많은 돈을 지불하고도 스타벅스에 가는 겁니다.

그다음 스타벅스의 성공 요인은 부드러운 커피입니다. 커피를 좋아하는 사람들은 부드러운 커피를 좋아합니다. 스타벅스가 집에서 커피를 마시는 여성들을 관찰했더니 커피에 우유를 타서 마시더랍니다. 그렇게 해서 나온 메뉴가 우리가 자주 마시는 카페라테, 카페모카입니다. 결국 스타벅스는 갓 내린 커피와 부드러운 커피를 매장에서 구현했고, 여기에 의견 선도자들이 반응을 한 것입니다.

그리고 이런 특징을 알리기 위해 시행한 것이 바로 영화 PPL입니다. 1998년에 개봉한 영화 〈유브 갓 메일〉에서 맥 라이언이 이런 이야기를 합니다.

"스타벅스 같은 곳은 결정할 능력이 없는 사람들을 위한 곳이죠. 커피 한 잔을 사기 위해서 6가지 이상을 결정해야 하니까. 작은 것, 큰 것, 약한 것, 진한 것, 카페인 있는 것, 없는 것, 저지방, 무지방 등등. 그러니 2달러 95센트를 가지고 뭘 할지 모르는 사람들은 단순한 커피 한 잔이 아니라 자아까지 발견하게 되죠."

이렇게 맥 라이언이 혼자 내래이션을 하면서 사무실로 올라갑니다. 여기에 한국 여성들이 반응한 겁니다.

결국 스타벅스의 성공은 문화 마케팅 이전에 갓 내린 커피와 부드러운 커피로 의견 선도자들을 잡은 것에서 기인합니다. 문화 마케팅은 이후에 이런 스타벅스의 특징을 알리기 위한 것이었습니다.

*

## 약점을 찾아 공격하라

쌍용자동차를 예로 들 수 있습니다. 쌍용자동차는 다른 브랜드에 비해 성능이 더 좋다고 할 수도 없고, 이미지가 더 좋은 것도 아닙니다. 그럴 때 쓸 수 있는 방법이 바로 경쟁자의 약점을 공격하는 것입니다.

현대자동차, 기아자동차의 약점은 차체가 약하다는 것입니다. 차체를 만드는 방식에서 자이가 있는데, 현대자동차와 기아자동차는 주로 모노코크Monocoque 방식을 이용합니다. 차체 자체를 뼈대로 삼아 차를 만드는 방법인데, 경량화가 가능하고 비용이 낮지만 이전의 프레임 방식에 비해서 차체가 약하다는 평가를 받습니다.

반면에 쌍용자동차는 주로 프레임 방식, 즉 차체 뼈대를 따로 만들어서 부품을 조립하고 위에 차체를 씌우는 방식을 사용합니다. 모노코크 방식보다 튼튼하다는 이야기를 듣습니다. 그래서 '쌍용자동차는 튼튼하다'라는 전략을 세우고, 이 부분을 집중적으로 부각하면서 경쟁사를 공격하는 겁니다.

# 경쟁 전략, 다음은 리더십 전략입니다.

중간계 캠퍼스 시리즈 1권 『논백 경쟁 전략』에서는
'경쟁 전략'에 대해 함께 고민해보았습니다.
막연하게 고민했던 경쟁이란 무엇인지,
상대방을 이기는 전략이 무엇인지,
무엇보다 남과 차별화할 나만의 강점은 무엇인지,
본질에 한 걸음 더 다가가는 데
작은 도움이 됐으면 하는 바람입니다.

이 책에 인용하거나 자료로 삼은 100여 편의 논문이
여러분에게 큰 힘이 될 것이라 생각합니다.

2권에서 생각해볼 주제는 '리더십 전략'입니다.
우리는 앞으로 경쟁 전략, 리더십 전략, 인지심리학,
브랜드 전략, 설득 전략에 대해 공부할 것입니다.

책을 읽는 것으로 그치지 마시고
함께 내용 속으로 들어와주시기 바랍니다.
책과 중간계 캠퍼스 사이트의 다양한 강연 프로그램을 통해
진짜 공부에 대한 갈증을 풀어드리겠습니다.

중간계 캠퍼스 홈페이지
**www.midcampus.com**

참 고 문 헌

The Mindlessness Of Ostensibly Thoughtful Action: The Role Of "Placebic" Information In Interpersonal Interaction. By Langer, Ellen J.; Blank, Arthur; Chanowitz, Benzion Journal Of Personality And Social Psychology, Vol 36(6), Jun 1978, 635-642.

Central And Peripheral Routes To Advertising Effectiveness: The Moderating Role Of Involvement. Richard E. Petty John T. Cacioppo David Schumann*, Journal Of Consumer Research *Vol. 10 0 September 1983

Heuristic Versus Systematic Information Processing And The Use Of Source Versus Message Cues In Persuasion, Shelly Chaiken Nyu Univ. Journal Of Personality And Social Psychology, 1980, Vol. 39, No. 5, 752-766

Cialdini, Robert B.; Schroeder, David A. 1976, Increasing Compliance By Legitimizing Paltry Contributions: When Even A Penny Helps.

Journal Of Personality And Social Psychology, Vol 34(4), Oct, 599-604.

The Effect Of Common And Unique Features In Consumer Choice, Ravi Dhar, Steven J. Sherman* 1996 By Journal Of Consumer Research, Inc. Vol. 23 December 1996

Asch, S. E.1946, Forming Impressions Of Personality, The Journal Of Abnormal And Social Psychology, Vol 41(3), Jul 1946, 258-290.

Wanke, Bohner & Jurkowitsch, 1997, There Are Many Reasons To Drive A Bmw: Does Imagined Ease Of Argument Generation Influence

Attitudes?, Journal Of Consumer Research, Vol. 24 September, 170-177

Consumer Preference Formation And Pioneering Advantage, Gregory S. Carpenter And Nakamoto(1989), Journal Of Marketing Research, 285-98

J Pers Soc Psychol. 1985 Mar;48(3):533-49.

Effects Of Instructions To Disregard Information On Its Subsequent Recall And Use In Making Judgments. Wyer Rs Jr, Unverzagt Wh.

Late Mover Advantage: How Innovative Late Entrants Outsell Pioneers, Venkatesh Shankar, Gregory S. Carpenter And Lakshman Krishnamurthi, Journal Of Marketing Research Vol. 35, No. 1 (Feb., 1998), Pp. 54-70

Poh, M.Z., Swenson, N.C., Picard, R.W. (2010). "A Wearable Sensor For Unobtrusive, Long-Term Assessment Of Electrodermal Activity", Ieee Transactions On Biomedical Engineering, 57(5), 1243-1252.

Carpenter, S. K., Wilford, M. M., Kornell, N., & Mullaney, K. M. (2013). Appearances Can Be Deceiving: Instructor Fluency Increases Perceptions Of Learning Without Increasing Actual Learning. Psychonomic Bulletin & Review,20(6), 1350-1356.

Recall And Consumer Consideration Sets: Influencing Choice Without Altering Brand Evaluations, Prakash Nedungadi, Journal Of Consumer Research, Volume 17, Issue 3 Pp. 263 - 276.

Schema Congruity As Basis For Product Evaluation. Meyers-Levy, Joan; Tybout, Alice M. Journal Of Consumer Esearch. Jun89, Vol. 16 Issue 1, P39-54.

Richter, Curt P. (1957). On The Phenomenon Of Sudden Death In Animals And Man. Psychosom. Med., 19, 191-8.

Failure To Escape Traumatic Shock, Martin E: P. Seligman And Steven F. Maier, Journal Of Experimental Psychology Vol. 74, No. 1 May 1967

Strategic Brand Concept-Image Management, C. Whan Park, Bernard J. Jaworski, Deborah J. Maclnnis Source: Journal Of Marketing, Vol. 50, No. 4, (Oct., 1986), Pp. 135-145

Byung Chul Shine, Jongwon Park, And Robert S. Wyer Jr.* Brand Synergy Effects In Multiple Brand, Extensions Journal Of Marketing Research, 663

Vol. Xliv (November 2007), 663 – 670

Leaf Van Boven And Thomas Gilovich, 2003, To Do Or To Have? That Is The Question, Journal Of Personality And Social Psychology, 1193 – – 1202

Aparna Sundar & Theodore J. Noseworthy Place The Logo High Or Low? Using Conceptual Metaphors Of Power In Packaging Design, Journal Of Marketing Vol. 78 (September 2014), 138 – 151

Thomas W. Schubert, Your Highness: Vertical Positions As Perceptual Symbols Of Power, Journal Of Personality And Social Psychology, 2005, Vol. 89, No. 1, 1 – 21

Joan Meyers-Levy & Rui Zhu, The Influence Of Ceiling Height: The Effect Of Priming On The Type Of Processing That People Use, 2007 Journal Of Consumer Research, Vol. 34, 174-186

Henrik Hagtvedt,&Vanessa Patrick, Art Infusion: The Influence Of Visual Art On The Perception And Evaluation Of Consumer Products, Journal Of Marketing Research 379 Vol. Xlv (June 2008), 379 – 389

Gerald J. Gorn, The Effects Of Music In Advertising On Choice Behavior: A Classical Conditioning Approach, Journal Of Marketing Vol. 46 (Winter 1982≫, 94-101.

Morris B. Holbrook Robert M. Schindler, Some Exploratory Findings On The Development Of Musical Tastes, Journal Of Consumer Research • Vol. 16≫June 1989, 119-124

Ronald E, Milliman, Usin Backgroun Music To Affect The Behavior Of Supermarket Shoppers Journal Of Marketing Vol. 46 (Summer 1982), 86-91.

Kathleen D. Vohs Ronald J. Faber, Spent Resources: Self-Regulatory Resource Availability Affects Impulse Buying, Journal Of Consumer Research, 2007, 537-547

Kathleen D. Vohs ,Yajin Wang, And Francesca Gino, & Michael I. Norton, Rituals Enhance Consumption, (Working Paper, Psychological Science).

C. Bushdid, M.O. Magnasco, Vosshall1, And A. Keller, Humans Can

Discriminate More Than One Trillion Olfactory Stimuli, Science, 2014 March 21 1370 – 1372

Rachel S. Herz, A Naturalistic Analysis Of Autobiographical Memories Triggered By Olfactory Visual And Auditory Stimuli, Chem. Senses 29: 217 – 224, 2004

Paula Fitzgerald Bonea, & Pam Scholder Ellenb, Scents In The Marketplace: Explaining A Fraction Of Olfaction, Journal Of Retailing. Volume 75, Issue 2, Summer 1999, Pages 243 – 262

Eric R. Spangenberg, Ayn E. Crowley, & Pamela W. Henderson, Improving The Store Environment: Do Oifactory Cues Affect Evaluations And Behaviors? Journal Of Marketing Vol. 60 (April 1996), 67-60

Joann Peck & Suzanne B. Shu, The Effect Of Mere Touch On Perceived Ownership, 2009 Journal Of Consumer Research, 2009, 434-447

S. Adam Brasel, & James Gips, Tablets, Touchscreens, And Touchpads: How Varying Touch Interfaces Trigger Psychological Ownership And Endowment, Sciencedirect, Journal Of Consumer Psychology 24, 2 (2014) 226 – 233

Betina Piqueras-Fiszman, The Weight Of The Bottle As A Possible Extrinsic Cue With Which To Estimate The Price (And Quality) Of The Wine? Observed Correlations, Food Quality And Preference 25 (2012) 41 – 45

Marketing Actions Can Modulate Neural Representations Of Experienced Pleasantness, Hilke Plassmann, John O'Doherty, Baba Shivf, And Antonio Rangel, 2008, National Academy Of Sciences, 1050-1054,

Does The Colour Of The Mug Influence The Taste Of The Coffee?, George H Van Doorn, Dianne Wuillemin Andcharles Spence, 25 November 2014

The Influence Of The Color Of The Cup On Consumers'Perception Of A Hot Beverage Betina Piqueras-Fiszman1,2,3 And Charles Spence2, Journal Of Sensory Studies (2012) 324 – 331

The Taste Of Cutlery: How The Taste Of Food Is Affected By The Weight, Size, Shape, And Colour Of The Cutlery Used To Eat It Vanessa, Harrar And Spence Flavour 2013

The Effect Of Background Music On The Taste Of Wine, Adrian C. North,
British Journal Of Psychology (2012), 103, 293 – 301
Consumers And Their Brands : Developing Relationship Theory In
Consumer Research. Fournier, Susan. Journal Of Consumer Research.
Mar98, Vol. 24 Issue 4, P343-373.

# 논백
# 경쟁
# 전략

©신병철 2017

**1판 1쇄 발행** 2017년 11월 1일
**1판 9쇄 발행** 2025년 1월 3일

**지은이** 신병철
**펴낸이** 황상욱

**기획** 황상욱 **편집** 윤해승
**마케팅** 윤해승 장동철 윤두열
**경영지원** 황지욱 **제작처** 영신사

**펴낸곳** (주)휴먼큐브
**출판등록** 2015년 7월 24일 제406-2015-000096호
**주소** 03997 서울시 마포구 월드컵로14길 61 2층
**문의전화** 02-2039-9462(편집) 02-2039-9463(마케팅) 02-2039-9460(팩스)
**전자우편** yun@humancube.kr

ISBN 979-11-960258-8-5 03320

인스타그램 @humancube_group 페이스북 fb.com/humancube44